天壹文化

人类发明了文字，分其人类确体

明月一年好,
始见此宵圆。
人间不照离别,
只是照欢颜。

年年长愿如今夜,
明月随人一样圆。

不信人间
有别离

慕容素衣 著

天地出版社 | TIANDI PRESS

目录

001　孟小冬 / 你既无心我便休

011　张允和 / 多情人不老

022　张兆和 / 忘了去懂你

033　张充和 / 她选择留在自己的时代里

045　林徽因 / 倾我所有去生活

054　陆小曼 / 为爱痴狂

063　　张幼仪 / 成全了自己的碧海蓝天

072　　萧　红 / 她比烟花寂寞

082　　杨步伟 / 我就是我，不一样的御姐

094　　潘　素 / 素心人对素心花

103　　张爱玲 / 浪子终究不会为才女停留

111　　黄逸梵 / 原谅我这一生不羁放纵爱自由

120　　张茂渊 / 亦舒女郎的鼻祖

129　　苏　青 / 繁华过后，一身憔悴

139　　蒋碧薇 / 没有了爱，有很多很多钱也是好的

148　　杨　绛 / 和谁争我都不屑

156　　许广平 / 当粉丝恋上偶像

164　　吕碧城 / 胜女不嫁

173　　江冬秀 / 素手挡尽桃花劫

182　　阮玲玉 / 贪一点依恋贪一点爱

190　　胡　蝶 / 蝴蝶飞过了沧海

199　　潘玉良 / 长得不漂亮，那就努力活得丰盛

207	董竹君	挥别错的，才能和对的相逢
215	丁　玲	多血质文艺女青年
223	汤国梨	章太炎的"药"
232	冰　心	枯枝，在地上纵横地写满了相思
245	沈祖棻	有斜阳处有春愁
255	宋清如	醒来觉得甚是爱你
266	叶嘉莹	莲实有心应不死，人生易老梦偏痴
277	王映霞	有多少神仙眷侣，变成了人间怨偶

孟小冬：你既无心我便休

分手见人品。

同样是民国女子，对于分手的处理方式却大为不同。

最重情重义的莫过于张爱玲，决定和胡兰成分手时，她给他写了一封诀别信："我已经不喜欢你了。你是早已不喜欢我了的。这次的决心，我是经过一年半的长时间考虑的。彼时惟以小吉①故，不欲增加你的困难。你不要来寻我，即或写信来，我亦是不看的了。"随信还附了三十万元钱，那是她新写的电影剧本《不了情》《太太万岁》的稿费。

到底是张爱玲啊，纵然分手也绝不出恶语。

---

① 小吉：指小劫，劫难之隐语。

最激烈的莫过于蒋碧薇[①]，她和徐悲鸿曾经是一对佳偶，最后因为离婚闹到了打官司的份儿上，作证律师是大名鼎鼎的沈钧儒。打官司虽不是什么好事，好在蒋碧薇大获全胜，获得了一双儿女的抚养权，并从徐悲鸿那儿得到了一百万的赡养费和一百幅画。

蒋碧薇堪称是姜喜宝的先驱，心里相当拎得清，如果没有很多很多的爱，那么有很多很多的钱也好啊。

最戏剧性的莫过于杨之华。这要拜她有个好前夫所赐。杨之华在嫁给瞿秋白之前，是沈剑龙的妻子。她有了婚外情后，三个人会面谈判，谈判的过程很友好，结果更奇妙。三人一起在报纸上发了三则启事，内容如下：

> 杨之华沈剑龙启事：自一九二四年十一月十八日起，我们正式脱离恋爱的关系。
>
> 瞿秋白杨之华启事：自一九二四年十一月十八日起，我们正式结合恋爱的关系。
>
> 沈剑龙瞿秋白启事：自一九二四年十一月十八日起，我们正式结合朋友的关系。

这才是真正的"一别两宽，各生欢喜"。瞿秋白和沈剑龙，之

---

① 蒋碧薇：又作蒋碧微。——编者注

后还真的成了至交好友，不知道是由于瞿秋白太有魅力，还是沈剑龙心太大。

最荒唐的是白薇。白薇和杨骚之间的情感经历十分离奇，分分合合持续了近二十年，每次分手，两个人还会立下一些奇葩的约定，其中1925年那次的约定最奇葩。杨骚向白薇承诺：等他在新加坡"经验过"一百个女人，两人就复合。更奇葩的是，白薇居然答应了，代价是后来她染上了性病。

如此尊严扫地，最终还是没有走向白头偕老。这个故事告诉我们，完全放弃自尊的爱是没有好结果的。

分手分得最磊落明快、不留一丝余地的，当属孟小冬。

1933年9月，在天津《大公报》第一版上，孟小冬连登了三天启事："冬当时年岁幼稚，世故不熟，一切皆听介绍人主持。名定兼祧，尽人皆知。乃兰芳含糊其事，于桃母去世之日，不能实践前言，致名分顿失保障。……遂毅然与兰芳脱离家庭关系。是我负人？抑人负我？世间自有公论，不待冬之赘言。"

这样的分手宣言，和孟小冬在舞台上爽朗豪迈的扮相太相称了。"是我负人？抑人负我？"廖廖八字，沉郁顿挫，是那种纵有沉痛也要咬碎了银牙往肚里吞的"冬皇"气派。

我听说孟小冬这个名字，还是从电影《梅兰芳》中开始。章子怡饰演的孟小冬，娇媚有余，英气不足，特别是舞台上的老生扮相，活脱脱还是女儿身。

见过孟小冬本人的照片，才知道什么叫作"艳若桃李，冷若冰霜"。在流传下来的不多的几张照片中，这位姑娘一律绷着脸，留着清汤挂面式的发型，脸上一丝笑容也没有，气质清冽，寒星似的一双眼睛，似要看进人的心里去。她出生于腊月，天寒地冻的季节，身上像是也沾染了冬天寒冷的气息。

梅兰芳和孟小冬的故事，是典型的"游龙戏凤"。

她出身于梨园世家，五岁学艺，七岁登台，十四岁的时候就在上海大世界演出，并且成为十分有影响力的角儿。扮相、作派极帅气，根本看不出少女模样，声音也没有一点尖窄雌音，天生唱老生的料。

认识梅兰芳时，她还只有十八岁，已经是须生之皇；而他，则是更为著名的旦角之王。

1925年，孟小冬和梅兰芳在舞台上相遇了。

他们共演的那一出《游龙戏凤》，至今仍然是梨园佳话。在台上，孟小冬扮演的是微服私巡的正德皇帝，梅兰芳则扮演天真活泼的李凤姐，真正是鸾凤颠倒。之后，他们又一同出演了《四郎探母》《二进宫》，每一出都是戏逢对手，十分叫座。

十八岁的孟小冬在三十二岁的大名角梅兰芳面前并不胆怯，演来落落大方，非常潇洒，台下观众不断地拍手叫好。许多梅迷和孟迷更是希望二人能就此假戏真做，成就一段传奇姻缘。

戏台下的两个人，也弄假成真，因戏生情。

当时梅兰芳家中已有两房妻子，分别是原配王明华和后娶的福芝芳。以孟小冬之心高气傲只怕难以接受，好在媒人解释说，王明华重病在医院，实际上只有一房夫人，而小冬过去也是两头大，不算偏房。

福芝芳是个厉害角色，死活不肯让孟小冬进门。梅兰芳无奈之下，只好在外面找了一处四合院与孟小冬住，起名为缀玉轩。

照这个情形看，孟小冬嫁过去，实际上还是侧室，而且是不能登堂入室、只能在外面金屋藏娇的侧室。

以小冬之聪敏，如何察觉不到媒人说辞中的漏洞呢？我宁愿相信，她当时只是已对梅兰芳情根深种，不愿意去计较名分罢了。有句诗说"薄命怜卿甘作妾"，事实上如果甘心做人的妾，那一定是因为很爱很爱这个人，求仁得仁，谈不上薄命。

孟小冬，就是抱着满心的欢喜，和舞台上的梅郎做了真夫妻，她不求名分，放弃了演出，只希望能够和意中人朝夕相守。直到多年以后，她痛定思痛，才悔觉当初"年岁幼稚，世故不熟"，这八个字真是血泪之言。

他们是有过好日子的。且不说舞台上的俪影双双，就是在现实生活中，也曾经如胶似漆。

他们曾留下一帧照片：梅兰芳侧身摆出手势，墙上留下投影。右上方是孟小冬的题字："你在那里作什么啊？"左上方是梅兰芳的手书："我在这里作鹅影呢。"新婚夫妻的亲昵之状，溢于言表。

可是好景不长，这时出现了一桩枪击事件，迅速打断了他们的恩爱。

在电影《梅兰芳》中，肇事者是梅兰芳的粉丝（可能是为了突显梅的魅力），现实中恰好相反，那个疯狂的粉丝其实是孟小冬的粉丝。

孟小冬嫁给梅兰芳后不再登台，急坏了一个叫李志刚的忠实粉丝。为了听孟小冬的戏，他曾经天天旷课，得知心目中的女神居然嫁了人，他表现得十分疯狂，拿着手枪就跑到缀玉轩要和梅兰芳火拼。混乱之中，李志刚击毙了调解人张汉举，自己也被军警乱枪击毙，随后枭首示众。

这桩事件中几乎囊括了人们关注的一切新闻热点：暴力、情杀、名人、血腥，于是北平小报以此为题材，大肆报道，一时流言蜚语满天飞。

不知道是在枪击事件中受了惊吓，还是因为谣言对自己的事业不利，梅兰芳逐渐冷落了孟小冬。梅党也不喜欢孟小冬，理由是：孟小冬为人心高气傲，需要人服侍，而福芝芳则随和大方，可以服侍人。以人服侍与服侍人相比，为梅郎一生幸福计，就不妨舍孟而留福。

这话传到孟小冬耳朵里，清高的她哪里受得了这个气，但她还是没有掉头离去，可能是因为对梅兰芳还存有幻想。她也为挽回他们的感情做过努力。往昔的恩情还在眼前，她可能觉得，他冷落她是受了身边人的影响，他总有一天会回心转意的。

梅兰芳的母亲去世，孟小冬披麻戴孝，来到梅府吊孝。福芝芳叫人拦在门口，声称："这个门儿，她就是不能进，我有两个孩子，肚子里还有一个，我拿这三个孩子跟她拼了！"

孟小冬站在门口，孤立无援，所有人都等着看她的笑话呢。这时她唯一能指望上的就是梅兰芳，而她的梅郎呢，走出来柔声劝她先回去。

他还是那样温柔，可她总算看出来了，他和那些所谓梅党一样，心里早已做出弃孟留福的决定，他根本保护不了她，或者不想保护她。

你既无心我便休。

受此大辱之后，骄傲如孟小冬，痛定思痛，毅然决定和梅兰芳分手。我想，和梅党的闲言闲语以及福芝芳的侮辱相比，她最不能忍的，还是梅兰芳那种退缩冷淡的态度吧。

都说戏如人生，其实人生何尝不如戏。在舞台上挂髯口、演惯了须生的女子，身上也沾染了男儿的杀伐决断之气。而常年的男扮女装，也会让铮铮汉子变得阴柔。

孟小冬和梅兰芳最后走向决裂，外因固然重要，内因却是性别倒置带来的角色错位。

她在报纸上连发了三天启事，单方面宣布决裂。之后，据说梅兰芳曾雨夜登门，来要求复合，孟小冬始终没有开门。她就是这样的，爱一个人时，能够放低身段去做他的妾，但如果她发现对方给不了她想要的爱时，也能决然抽身而退。

爱情不在了，至少还有尊严。

孟小冬傲然离开梅兰芳后，曾经大病一场，甚至一度皈依佛门。可想而知当时她有多心痛。如此心痛，还是决意放手，这样的女子，把自己的尊严看得比性命还要重要啊。

分手时她曾对梅兰芳放过狠话："我不要你的钱。我今后要么不唱戏，再唱戏不会比你差；今后要么不嫁人，再嫁人也绝不会比你差。"

她的确都做到了。

和梅兰芳分开五年之后，孟小冬拜余叔岩为师，从头开始学，习得谭、余派老生艺术真髓，重出江湖后即博得满堂彩，"冬皇"之名由此更盛。她虽然演出不多，五年间只有三十余场，但不鸣则已，一鸣惊人，被同业尊为须生楷模。

1947年，她在上海出演《搜孤救孤》时，全国的京剧名老生都前往观摩，著名须生马连良和香港《大成》杂志主编沈苇窗竟然挤在同一个凳子上看了一出戏，没有买到戏票的戏迷都在家聆听话匣子里的实况转播。据著名科学家王选回忆，那两天晚上的上海滩是"家家打开收音机，户户收听孟小冬的演出实况"。

她再嫁的那个男人，论名声论地位，确实也不在梅兰芳之下，他就是上海滩赫赫有名的青帮头目杜月笙。

杜月笙号称"天下第一戏迷"，家中的四房姨太太都是唱戏出身。少年时代的孟小冬在上海大世界是红角儿的时候，杜月笙就看上了她，只是没有想到半路杀出个梅兰芳来。

1937年，上海黄金大戏院举行开幕典礼，杜月笙特意请来孟小冬剪彩，醉翁之意，当然不在剪彩之上。后经小冬的好姐妹，也是杜月笙的四姨太姚玉兰撮合，两人走到了一起。相传杜月笙曾向孟小冬表白说："自打第一次见到你以后，我一直思念你，还发过誓，这一辈子要是不把你拉进我的怀抱，我就不是人。"这话，有点像韦小宝誓娶阿珂的那番说辞。

孟小冬被打动了。我想，除了感动于杜月笙的情意，还有可能是她这次想找一个和梅兰芳完全不一样的男人，一个强大的、可以保护她的男人。当时上海滩最强大的男人，就是杜月笙了。

杜月笙对孟小冬，也称得上有情有义。1949年，上海解放前夕，孟小冬随杜家迁居香港，临走之前，她淡淡地说："我跟着去，算丫头呢还是算女朋友呀。"为了她这句话，赴港后杜月笙不顾家人的阻挠，坚持要与孟小冬补行一次婚礼。当时的杜月笙已经六十三岁，形销骨立，面容枯槁，浑身是病，孟小冬也已四十二岁。

杜月笙去世之前，把自己的遗产做了分配，分在孟的名下两万美元。她不再登台唱戏，靠着这两万美元，在台湾度过了最后的岁月。

后来，梅兰芳曾在友人陪同下，到香港看望已跟了杜月笙的孟小冬，两人相见只不过是普通的寒暄，再没有多余的话。

梅兰芳自然不知道,孟小冬的房间里只摆着两个人的照片,一个是恩师余叔岩,另一个则是他梅兰芳。

这场景,让我不禁想起章子怡饰演的另一个角色宫二对叶问说过的一句话:我心里有过你。

我心里有过你,如此而已,仅此而已。

张允和：多情人不老

理想的婚姻状态是什么样的？

有句流传很广的话总结得很到位：一辈子太长，得找个有趣的人白头偕老。

这话说起来容易，要真正实现却很难。首先，得有两个有趣的人；其次，这两个有趣的人得恰好看对了眼；再次，他们最好还要活得足够长。具备这三点，才能达到"找个有趣的人白头偕老"的境界。

在众多伉俪中，能抵达这一境界的夫妻并不多。很多世人推崇的神仙眷属，大多只能做到"有情"，要想达到"有趣"，还得多一点幽默感，多一份俏皮劲。

携手走过百年风雨的周有光和张允和，就是这么一对凤毛麟角的夫妻。两老加起来超过两百岁时，仍能举"杯"齐眉、两

"老"无猜。

1998年12月21日,国际教育基金会举行百对恩爱夫妻会,年近百岁的周有光、张允和是最年长的一对。岁月没有消磨掉他们对生活的激情和对彼此的爱意,反而越活越有味,越爱越深沉,一个是新潮老头,一个是白发才女,真正做到了"有趣到老"。

张允和是谁?她是鼎鼎大名的"合肥四姐妹"之一,被称为"最后的闺秀"。她排行第二,张家人亲昵地称她为"小二毛"。张家四姐妹中,就属她最活泼、最爽朗,从小就深得父亲张武龄的钟爱,每次出门,都喜欢捎带着她:"小二毛,来!"父亲出谜语,制对联,她总是第一个抢着作答,人送外号"快嘴李翠莲"。

小小年纪,她就一肚子的主意,父母让她当四妹充和的老师,她就要起了"小老师"的威风,给四妹改了个名字,叫"王觉悟",意思是要妹妹做个懂民主、懂科学的新人。孰料妹妹反问她:"你既是明白道理的人,为何要改我的姓?我姓张,不姓王。"她被妹妹问住了,气得拿剪刀去拆书包上绣的"王觉悟"三个字,"觉"的繁体字足足有二十个笔画,拆得她满头大汗。这起小闹剧,日后反成了姐妹间的温馨回忆。

张家姐妹从小就跟着父母听昆曲,耳濡目染,慢慢都学着在家演戏。姐妹们爱演《三娘教子》《探亲相骂》《小上坟》《小放牛》之类的戏,大姐元和、三妹兆和演戏中的主角,小二毛允和呢,则是永远的配角,为主角们插科打诨、开锣喝道。她还专爱演丑角，鼻子上点一块白豆腐，勾上几笔黑线条，就是一个活灵活现的小琴童、小书童，非常符合她活泼灵动的性子。后来，她在学校里、曲社里都爱演配角、凑热闹。

很多人演配角心里都会不平衡，张允和却在多年后高兴地回忆说："我认为配角很重要，现在不是有配角奖吗？我的童年如有配角奖，我可以受之无愧。"

在三妹张兆和与沈从文的婚姻中，张允和可以说是一个"最佳配角"了。沈从文苦苦追求张兆和而不得，索性追到了张家九如巷的家里来，张兆和不想见他，是张允和劝她说，他是老师，你是学生，做老师的到学生家里来，总要接待一下吧，你就对他说，我家里有很多弟弟妹妹，欢迎来玩。张兆和听了她的劝告，沈从文才有机会进了张家的门。

后来又是张允和代沈从文向父母提亲，开明的张家父母一口就答应了。张允和非常开心，连忙跑到电报局去给未来的妹夫发了一封电报，上面只有一个"允"字，既是应允的意思，又包含了她的名字，一语双关，可见张二姐的机智。沈从文对这位二姐非常感激，到晚年时还戏谑地称她为"媒婆"。

尽管张允和在曲会上演的总是配角，但对周有光来说，她却是始终不变的女主角。

周有光先学经济，后攻语言，是汉语拼音方案的主要制订者，被称为"汉语拼音之父"。作为一个经历了百年沧桑的学者，周有光给人最大的感觉是处变不惊。他一百一十一岁去世，在世时别人问他长寿的秘诀,他说是"不要生气",因为生气是用别人的错误来惩罚自己。

其实除了淡然处世,热爱生活、兴趣广泛可能也是周有光的长寿秘诀。他年轻时就喜游历、谈锋健,爱好十分广泛。小时跟着老师学拉小提琴,很有音乐天赋,老师让他每天练四个小时,他却说,学琴只是为了好玩,并不是为了成为演奏名家,于是照旧按自己的时间练。

他被下放到宁夏时,和教育学家林汉达一起看守高粱地,仍然能够谈笑风生,好像是在对着一万株高粱演讲。

八十五岁那年,他才退休,但仍继续工作,在家里的小书房看报、写文章。那间书房只有九平方米,他却安之若素,还饶有兴致地撰写了一篇《新陋室铭》:

  山不在高,只要有葱郁的树林。
  水不在深,只要有洄游的鱼群。
  这是陋室,只要我唯物主义地快乐自寻。
  房间阴暗,更显得窗子明亮。
  书桌不平,更怪我伏案太勤。
  门槛破烂,偏多不速之客。
  地板跳舞,欢迎老友来临。
  ……

九十多岁时，他头顶上的头发都掉光了，他却笑着说是还没有长出来。他依然像年轻时一样，随身带着几块洁白的大手帕，时不时拿出来擦擦脸。

说起来，周有光和张允和的结缘，还要归功于这几块大手帕呢。

晚年周有光回忆起他和张允和的恋爱，用"'流水式'的恋爱"来形容——两个人相识相恋，没有经过大风大浪，而是自然而然地走在了一起。

张允和与周有光的妹妹是同学，两人由此相识。两家都是望族，但周家已经没落，一度连周有光念大学的学费都交不起，所以张允和常笑称自己戏曲看多了，有"落难公子后花园"的情结，不仅没有嫌弃周家家道中落，反而认定了周有光是个"落难公子"，想去搭救一把。

张家有十个兄弟姐妹，周家的年轻人也很多，两家人常常聚在一起玩。在九如巷的小型曲会上，张家姐妹唱戏，年轻的周有光会给她们拍曲，没想到，这一拍，竟然就持续了一辈子。

可能是因为性情相近，周有光和张允和做了很多年的好朋友。直到有一天，在上海教书的他给还在杭州读书的她写了一封信，信中的内容很普通，没有一句有关情爱。张允和收到信后，还是很紧张，和比她年龄大的同学商量后，才敢回信。暑假两人再见面时，已没有以前自然，可能爱情的萌芽，都是从见到那个人就有点不自然开始的吧。

很多年以后,张允和回忆起和周有光挑明心迹的那一幕,犹自清晰得宛如昨日。那是1928年的一个星期天,他们一起从吴淞中国公学的大铁门走出来,一直走到了吴淞江边的防浪石堤上,两人没有手挽手,而是保持着一尺左右的距离。

在温柔的防浪石堤上,他掏出一块洁白的大手帕,细心地垫在石头上,让她坐了下来。可能是太紧张,她的手直出汗,他又取出一块小手帕,塞进她手里。她心想:手帕真多!

隔着一块手帕,他紧紧地握住了她的手。

回忆起那一刻,暮年的她动情地写道:一切都化为乌有,只有两颗心在颤动着。

从那以后,他和她欢欢乐乐在一起,风风雨雨更加在一起。

恋爱期间,发生了两段很有意思的小插曲。

一个周末,周有光和张允和相约游灵隐寺。那时候的寺庙,常常成为书生小姐谈恋爱的地方,《西厢记》的故事就发生在寺庙里。两人肩并着肩一起上山,始终不敢手挽着手。一个老和尚一直尾随在他们身后,他们走他也走,他们停他也停。这对情侣心想,这个和尚也太没眼力见了,于是索性坐在树下休息。岂料老和尚也坐了下来,还问周有光:"这个外国人来了几年了?"

原来张允和鼻子很高,轮廓分明,所以被老和尚误认为是个外国人,这才好奇地一路跟着来瞧瞧。

周有光不动声色，笑着回答："来了三年了。"

老和尚说："难怪中国话讲得这么好。"

热恋中的人难免要安排各种娱乐节目，有一次，喜欢西洋音乐的周有光特意请还在念书的张允和去听音乐会，地点是在法租界的法国花园，一个人一把躺椅，躺着听，很贵，得两个银元一张票。

当天演奏的是贝多芬的交响乐，没想到，在雄浑激越的音乐声中，张允和听着听着，居然睡着了。这位张二小姐，打小喜欢的就是昆曲之类的中国古典音乐，对西洋音乐实在是欣赏不了。

周围的人难免投来诧异的眼光，周有光心里也有点打鼓，但还是淡定地听完了音乐会，任张允和在躺椅上酣睡，并没有叫醒她。

换成其他人，也许会埋怨爱侣不懂欣赏，周有光却完全不以为意，反把这当成了一件趣事。可见再合拍的情侣，也需要有一颗懂得包容的心，关系方能长久。

相识十年、恋爱五年后，两个人准备结婚，定下日期后，张允和的姑奶奶出面阻止，认为喜期定在月末不吉利，是阴历的尽头日子。于是改为4月30日摆酒，又发现是阳历的尽头日子，再改已来不及了，只好如期举行。张允和相信，旧的走到了尽头就会是新的开始。

婚礼很简单又很新潮，四妹充和唱昆曲《佳期》，后来成为张家大姐夫的顾传玠吹笛伴奏，还有一位白俄小姑娘弹奏钢琴，称得上中西合璧。

张允和是张家十姐妹中第一个结婚的,起初张家人并不看好这段姻缘。照顾张允和的保姆拿着一对新人的八字去算命,算命先生称,这对夫妻都活不过三十五岁,连三妹兆和都说:"二姐嫁给痨病鬼,哭的日子在后头呢。"

尽管如此,开明的张家没有阻拦他们的结合,还给了新婚夫妇两千银元的嫁妆。他们用这笔钱出国留学,并乘坐当时最豪华的游轮"伊丽莎白皇后"号,遍游美、英、法、意、埃及等地。

结婚前,周有光有些忧虑地给张允和写信说:"我很穷,怕不能给你幸福。"张允和回了一封很长的信,表明了一个意思:幸福是要自己去创造的。

他们果然用自己的双手创造了幸福,两人共同生活了近七十年,张允和活了九十三岁,周有光更是活了一百一十一岁,创造了"白首不相离"的奇迹。

七十年的婚姻岁月,就像婚前一样,仍然是流水式的相守相依,这期间不乏风风雨雨,包括抗战时经历了丧女之痛,"文革"时又受到了打击,他们却用乐观和热情,将每一天都过得生机盎然。

这对恩爱终生的夫妻身上的共同点很多,其中最大的共同点莫过于乐观和有活力。

晚年的周有光曾经写过一篇文章,叫《张允和的乐观人生》。

在他眼里，这位夫人既是人们所说的"最后的闺秀"，又是充满朝气的现代新女性。她学生时代的作文，把凄凉的落叶时节，写成欢悦的丰收佳节；她参加大学生作文比赛，自定题目《现在》，劝说青年们抓住现在，不要迷恋过去；她编辑报纸副刊，提出"女人不是花"，反对把女职员说成"花瓶"。

在干孙女曾蔷的眼里，这位张奶奶的性格恰如宋词，既婉约，又豪放——有柔情似水的一面，也有坚贞不屈的一面。

周有光后来推出了一系列语言学的著作。他工作到八十五岁才退休，却仍然笔耕不辍。有记者问他：您一生百岁，有什么经验可以留给后人？他回答说：如果说有，那就是坚持终身自我教育，百岁自学。

一台夏普打字机，是周有光的宝贝，早在1988年，他就学会了打字。

这种"活到老，学到老"的劲头感染了张允和，八十六岁那年，为了重新编印张家的家庭刊物《水》，这位张二小姐决定学习打字。她的老师，自然就是她的先生周有光。

张允和是合肥人，普通话不标准，"半精（京）半肥（合肥）"，老是拼错字，这时候，只需要一句"帮帮忙"，周有光就会应声过来，帮她校正。可以说，张允和打出的每一个字，都浸透了丈夫的爱意和耐心，所以她最先会打的就是"亲爱的"三个字。正是用这台打字机，张允和创作了她的处女作《最后的闺秀》，并在她八十八岁时出版。

如果说打字方面是"妇敲夫审",那么唱起昆曲来,则是"妇唱夫随"了。张允和晚年和俞平伯等一起成立了昆曲研习社,周有光常常陪同她去参加曲社活动。张允和七十岁生日时,周有光送了她一套《汤显祖全集》,老太太心里甜滋滋的:"他真是懂我的心思。"

夫妻俩当然也有不同的地方,张允和是"诗化的人",富于传统文化韵味;周有光则是"科学的人",条理明晰,滔滔善辩。性格不同,并不相互抵触,而是相互补充,以音乐为例,他跟着她去听昆曲,她则跟着他一起听西洋音乐。

他们的婚姻生活是雅致和有趣的结合,夫妻俩经常不定期地请一些"亲爱的"来参加"一壶酒、一碟菜"的"蝴蝶会",还在酒席上行"新水令"。他们在朋友的帮助下,用五线谱等记下了评弹的词和曲,使无论哪国的音乐家拿起乐谱都可以演唱。

"快乐极了""得意得不得了"成了晚年张允和的口头语。他们每天上午十点钟和下午三四点钟喝茶,有的时候也喝咖啡,吃一点小点心。喝茶的时候,他们两个"举杯齐眉",既是为了好玩,更是双方互相敬重的一种表达。后辈们都笑他们"两老无猜"。

常有老年人说:"我老了,活一天少一天了。"而周有光夫妇的想法显然不同,周老先生曾说:"老不老我不管,我是活一天多一天。"他的理论是,人过八十,年龄应重新算起,九十二岁时,他还自称"十二岁爷爷"。

张允和长得很美,年轻时的照片曾登上过杂志封面,出版人范用说她的脸符合黄金比例。她一生都穿中式衣裳，晚年时用黑丝线混着银发丝编成辫子盘在头顶，仍然是个时髦而优雅的老太太。

在二老摄于1992年的一帧照片里，他们站在花丛中，相依相偎，共读一本书。此情此景，不禁让人想起宝黛共读《西厢》的画面。

俞平伯夫人许莹环生日时，张允和曾写了一副贺寿联送给她，"人得多情人不老，多情到老情更好"。

多情人不老，说得多好啊！只有对生活饱含热情的人，才能永葆活力，将每个平凡的日子都过得有滋有味。这样的人即使老了，一颗心却永远年轻。

张允和去世后，周有光心里空荡荡的，不愿再回卧室睡觉，每日在书房里的沙发床上入睡，沙发床对面的五斗橱上，摆了一排放大后的张允和照片。照片中，她对着他微笑，美丽一如当初。

张兆和：忘了去懂你

我行过许多地方的桥，看过许多次数的云，喝过许多种类的酒，却只爱过一个正当最好年龄的人。

如果要评选民国最美情话，沈从文写给张兆和的这句话绝对可以名列前茅。

提起他们之间的爱情，大多数人第一时间想到的都是那些信，从第一封到最后一封，那些滚烫而真挚的情话，即使是今天读来，仍然令人动容：

如果我爱你是你的不幸，你这不幸是同我的生命一样长久的。

"求你将我放在你心上如印记，带在你臂上如戳记。"

我念诵着雅歌来希望你，我的好人。

望到北平高空明蓝的天，使人只想下跪，你给我的影响恰如这天空，距离得那么远，我日里望着，晚上做梦，总梦到生着翅膀，向上飞举。向上飞去，便看到许多星子，都成为你的眼睛了。

在信中，他叫她三三。三三，多么温柔的称呼，温柔得像一声耳语。写信的人和读信的人都已不在了，凭着这些信，他和她的爱情成了一个动人的传说。

三三在他的信中永远不会老去，一如他初见她时的模样。

沈从文遇见张兆和时，她还只有十九岁，正是人生中最灿烂的年华。她皮肤有点黑，据说年轻时挺漂亮，所以有个外号叫"黑牡丹"。

我见过她拍摄于1935年夏天的一张照片，老实说容貌并不出挑，在家里人的眼里，这位三小姐"皮肤黑黑的，头发剪得很短，像个男孩子，身材壮壮胖胖，样子粗粗的，一点都不秀气"。

"一点都不秀气"的兆和是如何打动沈从文的呢？据说有一次，沈从文看见张兆和在操场上边走边吹口琴，走到操场尽头，张兆和潇洒地将头发一甩，转身又回走，仍是边走边吹着口琴，动作利索，神采飞扬，让人心动。

沈从文喜欢"小兽"一样充满活力的女子。也许正是这一瞬间，浑身洋溢着青春气息的张兆和一下子抓住了他的心。

作为老师的他开始追求这位女学生。当时张兆和的追求者众多，不少男生给她写情书，她把这些追求者编为"青蛙一号""青蛙二号""青蛙三号"……情书她看完就放在抽屉里，也不回复。收到老师沈从文的信，她愣住了，看完后还是没有回。二姐张允和见了取笑说，这大约只能排为"癞蛤蟆十三号"。

沈从文的情书攻势一发而不可收拾，张兆和的沉默不仅没有让他退缩，反而让他越挫越勇。爱情本就让人卑微，在大家闺秀张兆和面前，"乡下人"沈从文口口声声地说，只愿做她的奴隶：

> 莫生我的气，许我在梦里，用嘴吻你的脚，我的自卑处，是觉得如一个奴隶蹲到地下用嘴接近你的脚，也近于十分亵渎了你的。

这样的卑微，连自尊都不要了！可是爱情来到的时候，谁还在乎自尊呢。

除了写情书，沈从文还动用了其他招数，比如去张兆和的闺密面前哭诉他的一片深情，甚至扬言说，如果张兆和坚持拒绝他，他就只有两条路可走，一是刻苦向上，二是自杀。

这样近于死缠烂打的追求不仅没有打动兆和，反而让她感到厌烦。张家四姐妹中，元和深情，允和活泼，充和淡定，兆和则相当理性。这和她的成长环境有关，她是家中第三个女儿，并不得宠，前面有两个姐姐，后面还有一串弟弟妹妹，从小就不太受人重视。带大她的保姆朱干干[①]总是教她做人要本分知足，由此形成了她冷静务实的性格。

所以对沈从文的情书攻势，她实在是烦透了，于是跑到校长胡适那里去告状。胡适是个和事佬，一心想撮合才子佳人，劝她说："他顽固地爱你！"张兆和不客气地回答说："我顽固地不爱他！"

胡适闻言愕然，只得给沈从文写信说："这个女子不能了解你，更不能了解你的爱，你错用情了。……你千万不要挣扎，不要让一个小女子夸口说，她曾碎了沈从文的心。……此人太年轻，生活经验太少……故能拒人自喜。"

不得不佩服胡适的眼光，她的确不了解他，也欣赏不了他。信中提到的"拒人自喜"四个字虽然未免刻薄，但张家三小姐把追求者们用"青蛙"来编号，实在是有点过分了。

沈从文这个湘西人，看起来斯文温和，其实骨子里一腔湖南人的热血和蛮劲，认准的事九头牛也追不回。张兆和的拒绝，他不管；胡适的劝解，他也不听，仍然一个劲地用情书轰炸意中人。他还是挺为她着想的，在情书里还叮嘱她不要因为干扰荒废了学

---

① 干干：小孩对保姆的称呼。——编者注

业。弱弱地说一句，他难道没有醒悟到最大的干扰来源于谁吗？

在他自己都快要绝望的时候，张兆和紧闭的心扉居然被炸开了一道缝，她同别人谈到沈从文时说："自己到如此地步，还处处为人着想，我虽不觉得他可爱，但这一片心肠总是可怜可敬的了。"

沈从文特意去苏州看张兆和，张家人对他挺友好的。二姐张允和对他印象挺好的，叫他到家里来玩，还劝妹妹去旅馆看他，后来提起这段往事，张允和也笑称自己是"媒婆"。张兆和的弟弟们也特别喜欢沈从文，因为他会讲故事，五弟张寰和用自己的零花钱为他买了瓶汽水。沈从文暗暗感激，后来写《月下小景》时还特意在多篇末尾郑重其事地标明"为张家小五辑自《××经》"的字样。

张兆和最终选择接受沈从文，固然是由于"他的信写得太好了"，但也离不开家人的推波助澜。

在苏州住了一阵后，沈从文带着眷恋和希望离开了，临走前特意叮嘱张兆和："如爸爸同意，就早点让我知道，让我这乡下人喝杯甜酒吧。"张允和帮他向父亲提亲，得到许可后，赶紧给沈从文发了个电报，上面只有一个"允"字，一语双关，既是同意的意思，也是发信人的名字。张兆和生怕沈从文看不懂，又偷偷发了一封电报给他："乡下人喝杯甜酒吧！"

这场持续了四年的苦恋，终于通向了婚姻。在新婚之初，沈从文和张兆和一起啜饮着爱情的甜酒,有过一段快乐的时光。

结婚没多久,沈从文就回了一次湘西老家。对一般人来说,分离意味着痛苦,可对他们来说,分离带来的甜蜜也许要甚于痛苦。原因很简单,一分开他们就可以痛痛快快地写情书了。而只有在信里,他们的爱情才能够保持着火一般的炽烈。

沈从文照例称张兆和三三。张兆和平生第一次露出女孩子的娇态,亲昵地称沈从文二哥,在信里担忧地说:"长沙的风是不是也会这么不怜悯地吼,把我二哥的身子吹成一块冰?"沈从文则回信安慰她说:"三三,乖一点,放心,我一切好!我一个人在船上,看什么总想到你。"

出现在信中的两个人,完全是一副昵昵小儿女之态。谁能够想到,一个是知名的大作家,一个是稳重的大小姐。爱情,就是有这种魔力,能让不管多坚硬的人都呈现出柔软的一面来。

可惜的是,婚姻除了写信和看信,还有太多实际的问题要解决。

回顾沈从文和张兆和的婚姻生活,像上文中出现的甜蜜时光并不多见。和信中永存的爱情相比,他们现实中的感情其实并不完美,甚至可以说是矛盾重重。

他们婚姻中的首次危机出现在北平沦陷后。沈从文一路南逃,而张兆和带着孩子们留在了北平。两个人保持通信,这次不是说情话,而是在信中争执。沈从文想让张兆和南下,而张兆和则坚持留在北平，理由是孩子需要照顾，以及沈从文的作品太多，不方便带走。但这些理由说服不了沈从文，要知道，战火纷飞中，有什么比得上一家团聚更重要？当时文人大多举家南逃，如果让妻子和孩子留在孤城北平，谁也不放心。到最后，沈从文火了，去信质问她："你到底是爱我给你写的信，还是爱我这个人？"

这场争执，最后以张兆和带着孩子南下告终，两人总算团聚了。但感情的裂痕已经出现，并随着时间的磨蚀而日渐扩大。

他们俩原本就是两类人，一个出身于湘西乡下，一个出身于合肥名门，性格、气质、爱好都迥异。以爱好来说，沈从文爱听傩戏，这种咿咿呀呀的野调在张兆和听来根本入不了耳，她爱听的是昆曲。沈从文喜欢收藏古董文物，张兆和对他这个爱好不以为然，说他"打肿了脸充胖子""不是绅士冒充绅士"。沈从文爱结交朋友，有时也干些仗义疏财的事，而整天都在为家里如何生活发愁的张兆和对此更是气恼不已。

写到这里，我不禁有一个疑问，张兆和到底爱沈从文吗？我想，一开始是坚决不爱的，后来慢慢被他打动了，答应嫁给他时，应该还是爱他的。张兆和的性格本就冷静理性，她对沈从文的爱，更多的是在尽做妻子的本分，始终少了一点激情。她对婚姻的期待也同样务实，不过是希望两个人在一起好好过日子，不要太拮据而已。

这本来没有问题，问题在于她嫁的人是沈从文。沈从文一身的诗人气质，对爱情、对婚姻有着更多的憧憬，他期望婚姻在相濡以沫之外，还能有灵魂上的相知相惜，他当然不满足于婚姻中只有平淡的亲情。

所以，当张兆和在为柴米油盐之类的问题指责沈从文时，沈从文仍然沉迷在自己的内心世界中。他们这个时期的信完全是鸡同鸭讲：一个抱怨钱不够用，一个指责对方不够爱自己。对于这段婚姻，他们投入的感情不对等，期望值也不一样。

从张兆和的表现来看，她的确是不够爱他的。她连他写的故事也不喜欢读，挑剔他信中的错别字，甚至对他的稿子看不过眼，忍不住去改动里面的语法。殊不知，沈从文的过人之处就在于文中的野趣，但她对他，始终是不欣赏的。

沈从文呢，与其说爱张兆和，不如说爱的是自己心目中的一个幻影。婚后，三三成了他小说中一系列人物的原型，比如《边城》里的翠翠，《长河》里的夭夭，还有《三三》中的三三，都是皮肤黑黑的，活泼俏丽，小兽一样充满生命力的女子。把张兆和与小说中的女孩子一对比，就会发现，她们其实只是形似而已，张兆和为人太过务实，身上缺乏翠翠们生命的热度，没有那种爱起来不管不顾的劲。

对婚姻的失望一度让沈从文在婚姻以外寻找安慰。

让沈从文动心的那个人叫高青子，一个喜欢写小说的文艺女青年，对沈从文充满了崇拜。她在沈从文的老乡熊希龄家里做家庭教师，得以与沈从文相识。一次，沈从文去熊家，高青子特意穿了件绿地小黄花绸子夹衫，还在衣角袖口染了一点紫，这样的打扮脱胎于沈从文一篇小说中的女主角。她的聪慧深深触动了沈从文。

沈从文坦承，自己是一个"血液中铁质成分太多，精神里幻想成分太多"的男子，他对这段情史也并没有刻意隐瞒。那段时间，他常常出入"太太的客厅"，还特意为此跑去向林徽因倾诉，林徽因开导他说，生活就是这个样子的，你要学着自己慢慢去化解。

张兆和对此很生气，她的亲友们甚至给高青子介绍过对象，希望以此挽救他们的婚姻。半个世纪之后，张兆和提起此事还耿耿于怀，不过她很公道地评价说，高青子长得很美。

1946年，沈从文为纪念结婚十三年，创作了小说《主妇》，借此书对妻子忏悔。他在书中说："和自己的弱点而战，我战争了十年。"

可能很多人都会因此指责沈从文是"渣男"，我只想说，在漫长的婚姻过程中，厌倦、争吵都是很难避免的事情，如果单以一次出轨来论人品，那未免把人性想得太简单了。

这次出轨事件只是他们数十年婚姻中的一次考验，更多更大的考验还在后面。

进入新时代后，沈从文和张兆和的分歧越来越明显。沈从文是顽固的理想主义者，美是他的宗教，除此之外他并无信仰，也不愿意抛弃自己多年来对美的追求；张兆和则是冷静的现实主义者，属于那种适应性强、弹性较大的人。

以前，他还可以遁入创作之中，可这时，他的作品被批评为"桃红色文艺"。既然不能再为自己写作，不能再用他觉得有意义的方式写作，那他宁愿搁笔。这是一个与世无争的人为自己选择的抗争方式。他总是那么顽固，顽固地忠于自己的心。

没有人理解他的顽固，包括他的家人。那段时间，沈从文遭遇不公却孤立无援，因为抑郁症一度住进了精神病院。张兆和却适应得很好，后来还当上了《人民文学》的编辑，她和两个儿子都无法理解沈从文。

有那么几年，沈从文选择了和家人分居。每天晚上，他到张兆和那里去吃晚饭，然后带回第二天的早饭和午饭。那几年的冬天，可能是他生命中最寒冷最漫长的冬天了吧，就是在那样的环境里，他开始将精力从写作转移到学术研究上，一个人就着冷饭，埋头进行学术研究。他的家就在咫尺之外，究竟是什么让他不愿意回家？

这个时候，不知他是否会想起胡适当年所说的话："这个女子不能了解你，更不能了解你的爱，你错用情了。"

即使是在生命中最灰暗的时期，他仍然坚持给她写信，写给他心中的幻影，他的三三、小妈妈、小圣母，他的乌金墨玉之宝。不管她爱不爱看，能不能理解，他只顾写。他在信中说："小妈妈，你不用来信，我可有可无，凡事都这样，因为明白生命不过如此，一切和我都已游离。"

这样的字句，令人不忍卒读。他并不盼望她的来信，因为在写的过程中已经得到安慰。

关于信的故事，张允和在《从第一封信到第一封信》里提到，1969年，沈从文下放前夕，站在乱糟糟的房间里整理东西，"他从鼓鼓囊囊的口袋里掏出一封皱头皱脑的信，又像哭又像笑对我说：'这是三姐（他也尊称我三妹为三姐）给我的第一封信。'他把信举起来，面色十分羞涩而温柔。……接着就吸溜吸溜地哭起来，快七十岁的老头儿像一个小孩子哭得又伤心又快乐"。

那一刻，他怀念的不是相伴了数十年的妻子，而是多年前提笔给他回信的，那个又温柔又调皮的三三。

沈从文去世后，张兆和致力于整理出版他的遗作。在1995年出版的《从文家书》后记里，她说："从文同我相处，这一生，究竟是幸福还是不幸？得不到回答。我不理解他，不完全理解他。后来逐渐有了些理解，但是，真正懂得他的为人，懂得他一生承受的重压，是在整理编选他遗稿的现在。过去不知道的，现在知道了；过去不明白的，现在明白了。……太晚了！为什么在他有生之年，不能发掘他，理解他，从各方面去帮助他，反而有那么多的矛盾得不到解决！悔之晚矣。"

她不是不爱他，她只是忘了去懂他。等到终于懂得的时候，他已经离她而去。

一切都太晚了，几年后，张兆和因病逝世，临终前已认不出沈从文的画像。

张充和:她选择留在自己的时代里

"九如巷张家的四个女孩,谁娶了她们都会幸福一辈子。"叶圣陶曾经说过这么一句话。

这四个女孩被称为"合肥四姐妹",她们是张元和、张允和、张兆和以及张充和。我若是男子,能在四姐妹中选择一位,我最想娶的不是最有名气的三姐兆和,而是小妹充和。

在知道张充和的存在之前,我以为闺秀这种生物已经在中国大地上绝迹了。完全无法想象,在与我相隔数万公里的大洋彼岸,一位老人直到一百零一岁仍保持着20世纪初的生活方式:每日晨起,即磨墨练字,吟诗填词,偶尔和同好们举行昆曲雅集,拍曲互和,以乐终日。

这位老人,就是移居美国的张充和。

她从遥远的民国走来,在旧时月色和习习古风中长大。她的名字，曾经和沈从文、卞之琳、俞振飞等人相连，一同成为那个年代的传说。故人早逝，时移世易，属于她的时代已经永远地过去了，她仍然活在她的时代里，在去国离乡数万里之外。这是一个奇迹，独属于她的奇迹。

和林徽因、唐瑛等民国名媛不同的是，张家四姐妹属于传统仕女。她们的爱好、才艺，乃至心性都很"旧派"，即使时代再风云变幻，生活再颠沛流离，她们仍固执地保持着她们闺秀式的生活方式。时代影响了她们的生活轨迹，她们的生活本质却并未改变。这一点，在张充和身上表现得尤为突出。

她考北大，国文是满分，数学却拿了零分；

她嫁给了洋人傅汉思，可他是个汉学家，对中国历史比她还要精通；

她在美国的耶鲁大学任教，教的却是中国最传统的书法和昆曲；

她常和一位叫咪咪的美国女士切磋中国艺术，那位女士是比尔·盖茨的继母。

年少的时候，她在苏州拙政园的兰舟上唱昆曲；后来，她在耶鲁的寓所和人拍曲[①]。她的箱子里，珍藏着乾隆时期的石鼓文古

[①] 拍曲：昆剧班授课时，师生围桌而坐，教师在桌上拍着板眼唱曲，学生跟着拍唱，称为"拍曲"。——编者注

墨；她的阁楼上，摆放着结婚时古琴名家赠予她的名琴"霜钟"；她亲自莳弄的小园里，种着来自故乡的香椿、翠竹，园里的芍药花开得生机勃勃，张大千曾对着这丛芍药，绘出一幅幅名画。

张大千在抗战年代，甚至还以张充和为模特画过一幅仕女图。画中的张充和只有一个纤细的背影，身着表演昆曲的戏装，云髻广袖，似要凌风飞去。

也许很久以后，回顾中国艺术史，张充和留给后人的印象，就是这么一个淡淡的背影吧。即使是在最好的年华，她也似乎无意正面展现她的美。

张充和出自合肥一个大家庭，曾祖父张树声曾是淮军将领，官至两广总督。张充和的父亲张武龄却"弃武从文"，他离开了合肥，在苏州创办了乐益女子中学。

张充和是在上海出生的，在她出生前，母亲陆英已经连续生了三个女儿，所以张充和的出生并没有给这个家庭带来太多惊喜。她一生下来，就被叫作"小毛姐"，意思是最小的姐姐，陆英太盼望后面能有个儿子了。张充和出生后因母亲没有奶水而整日啼哭，陆英既要彻夜照顾她，又要管着一大家子人，十分劳累。

张充和的一个叔祖母心疼陆英，主动提出收养张充和，但打算先找人算一卦，怕自己命硬妨害到小孩。陆英爽快地说："她有自己的命，别人是妨不到的。"然后就把张充和交给了对方。后来张充和回忆说，这是因为母亲心大，考虑到叔祖母没有后代，需要过继个孩子做继承人。陆英之后还将四儿子张宇和也过继给亲戚。

　　叔祖母把只有八个多月的张充和带回了合肥老家。在那里，张充和一直生活到十六岁。叔祖母是李鸿章的侄女，很有见识，相当重视小充和的教育。她曾经为张充和请过一个先生，那位先生科举气很重，爱教张充和骈文之类，叔祖母觉得很不满，就给张充和换了一个老师。这位新老师名叫朱谟钦，是吴昌硕的弟子，既有才学也很开通。他教张充和学古文，从断句开始，一上课就交给她一篇《项羽本纪》，让她用红笔断句。他还专门编了一本讲同音异义词的书，解释词义。

　　张充和很喜欢这位先生，喜欢的原因之一是"他主张解释，不主张背诵"，另一个原因则是"他居然没有想到骗我的古墨"。张充和的一位长辈曾经给过她几锭古墨，她用来练字，朱先生见了，提醒她说："你小孩子家写字，别用这么好的整墨，用碎墨就行了。"古墨的价值是很高的，后来张充和初到美国时生活困窘，忍痛出售了珍藏的十方墨，卖出了一万美金。

　　朱先生还专门弄来了《颜勤礼碑》的拓本，教她练字。张充和说，《颜碑》用来打基础是非常好的，她每过几年都要临一次《颜碑》。可惜后世的《颜碑》拓本都是裱过的，字体太肥，临摹起来完全走样了。

　　对比起《牡丹亭》中那个迂腐的先生陈最良，朱先生真是再可爱不过了。碰到陈最良那样的迂夫子，难怪春香要闹学。那时的教育是先生和学生朝夕相处,言传身教,张充和从九岁到十六岁一直随朱先生学习,这七年间,朱先生也只有她一个学生,他教给张充和的,应该不仅仅是深厚的国学知识。

叔祖母去世后,十六岁的张充和回到了苏州九如巷。父亲创办了女学,三个姐姐受的是中西结合的教育,这和张充和的私塾教育是完全不同的。姐姐们更为洋派,而张充和的旧学功底最好。

这个时期她们姐妹间发生了一件小事,显示了她们不同的个性。张充和回来后有一次被分给二姐张允和做学生,张允和给她取了个新名字叫"王觉悟",还自作主张把这个名字绣到了张充和的书包上。张充和见了很不悦,反问道:"哪有人改名字,把姓也改了的?"一贯机灵的张允和哑口无言,只得把绣的字一点点拆掉了。

相对于三个姐姐,张充和反而和弟弟张宇和相处得最好。张宇和小时候也被过继给亲戚了,这时两人都刚刚回苏州的家中生活。张宇和个头大,心细,对这个小姐姐格外照顾,常常带着她到处玩。

苏州生活让张充和的人生路上从此多了一项伴随终生的爱好——昆曲。张武龄和陆英都是戏迷,张武龄还特意请来了苏州全福班的尤彩云来教孩子们唱戏,受此影响,女儿们也喜欢上了昆曲。

四姐妹中最迷昆曲的是大姐张元和,她特别喜欢登台表演,后来甚至嫁给了名小生顾传玠。张充和呢，更多的是将昆曲当成"玩儿"，她曾说："她们喜欢登台表演，面对观众；我却习惯不受打扰，做自己的事。"在苏州拙政园居住时，相传她夜晚常常一个人在兰舟上唱昆曲。

汪曾祺在回忆西南联大的往事时，也提到过张充和不爱扎堆的特点。在文章中，他写道："有一个人，没有跟我们一起拍过曲子，也没有参加过同期，但是她的唱法却在曲社中产生很大的影响……（她）唱得非常讲究，运字行腔，精微细致，真是'水磨腔'。我们唱的《思凡》《学堂》《瑶台》，都是用的她的唱法（她灌过几张唱片）。她唱的《受吐》，娇慵醉媚，若不胜情，难可比拟。"

可惜那个时候没有录像，我们已经很难想象，年轻时的张充和唱起昆曲来，是怎样的"娇慵醉媚，若不胜情"，幸好张大千以一张仕女图留住了她的风姿。我们只知道，抗战年代，她凭着一出《游园惊梦》，惊艳了当时的重庆。20世纪80年代后期，为纪念汤显祖逝世三百七十周年，她回国和大姐张元和演了一出《游园惊梦》，仍赢得了满堂彩，其中一张剧照被俞平伯评为"最蕴藉的一张剧照"。

二十一岁这年，张充和以语文满分、数学零分的成绩被北大破格录取。

当时她怕考不上，报考时用了个化名"张旋"，进校后胡适碰到她时曾说："张旋，我记得你数学不大好。"她吓了一跳，以为自己可能要被清退了，系里老师安慰她说，胡适那是吓唬你的，都进来了怎么可能再被清退呢。

在北京大学国文系，张充和听过胡适讲文学史和哲学史，钱穆、俞平伯、闻一多都是她的老师。但张充和对学校之外的世界更感兴趣，北大旁边的清华，有位专业的昆曲老师开课，她经常前往聆听。之后她退学了，患肺病是一个原因，还有个原因是她对学校里的集会、读书会之类的活动不感兴趣。

退学后，张充和曾随沈从文一家去过昆明，跟姐姐、姐夫住在一起，再后来回到北京，她还是住在沈从文家里。在她眼里，这位三姐夫是个不爱说话但很有才的人。我一直觉得，四姐妹中，张允和、张充和对沈从文的理解不在张兆和之下。沈从文去世后，远在海外的张充和发来悼文："不折不从，亦慈亦让；星斗其文，赤子其人。"寥寥十六个字，却写尽了沈从文一生，张充和可谓沈从文的知音。后来这十六个字被铭刻在湘西沈从文的墓碑上。

抗战爆发后，张充和到重庆教育部礼乐馆工作，结交沈尹默、章士钊等名士，并师从沈尹默学习书法。沈尹默说她的字是"明人学写晋人书"，评价很高。苏炜在《天涯晚笛》里，说了一个有趣的小故事。沈尹默为人很有绅士风度，一次坚持要送张充和去坐公交车。他高度近视，张充和担心他找不到回家的路，特意没上车偷偷跟在他身后，直到他平安返家才离去。这对师生的做派，听起来像《世说新语》中的一流人物。

书法可以说是张充和一生的至爱。她曾说，自己不爱打扮，不喜欢金银珠宝，但笔墨纸砚一定要用最好的。由于长期练习书法，她年老时臂上肌肉仍如少女般有力。在重庆那段时间，哪怕是经常要跑警报，她仍然坚持练习书法。桌子就在防空洞旁边，她端立于桌前，一笔一画地练习小楷，警报声一响，就可以迅速钻进洞中躲避。

谈到女子，总绕不过一个"情"字。张充和最初为大众所知，就源于一段情事。

情事的男主角大家并不陌生，他是当时有名的诗人卞之琳。相传那首知名的"你站在桥上看风景，看风景人在楼上看你。明月装饰了你的窗子，你装饰了别人的梦"，就是诗人为张充和所作。

卞之琳是沈从文的密友，那时张充和正住在姐夫家里，两人得以相识。这对张充和而言，只是多了一个如水之交的朋友，而对卞之琳而言，却是多了一个终生倾慕的女神。卞之琳苦恋张充和，几乎成了当时文学圈内公开的秘密。他持之以恒地给她写信，甚至在她出嫁去了美国后，仍孜孜不倦。他苦心收集她的文字，在她不知情的情况下，送到香港去出版。他追求她长达十年之久，直到四十五岁才黯然结婚，而对她的爱恋，持续了大半生。

可是，多年后，和朋友兼学生苏炜谈到这段"苦恋"，张充和说："这可说是一个'无中生有的爱情故事'，说'苦恋'都有点勉强。我完全没有跟他谈过，更没有恋过，所以也谈不上苦不苦。"

他精心写给她的那些信，可能有上百封，她看过就丢了，从来没有回过。她以为这样的态度已经很明确了，可他还是坚持不懈地给她写信。苏炜问张充和为什么不跟他说清楚，张充和回答说："他从来没有说请客，我怎么能说不来？"

在张充和的印象里，卞之琳人很不开朗，甚至是很孤僻的，性格又收敛，又敏感，属于"不能惹，一惹就不得了"的类型。所以她总是不敢"惹"他，从来不敢单独和他出去，连看戏都没有。之所以传出苦恋的传言，可能是因为当事人表白和拒绝的方式都太委婉。

卞之琳不是张充和喜欢的类型，她喜欢性格开朗单纯的人，后来选择的傅汉思就是这种类型。除性格外，卞之琳的才华也打动不了张充和，他当时是以新诗闻名诗坛的，可张充和没有被卞之琳和他的诗歌所吸引，她认为卞的诗歌"缺乏深度"，人也"不够深沉"，甚至"有些装腔作势"。没办法，教育背景和审美追求都不同，在旧学中浸淫一生的张充和对"明月装饰了你的窗子"实在是不欣赏。

可叹的是，卞之琳从未停止过对张充和的这份倾慕。1953年，卞之琳到苏州参加会议，恰巧被接待住进了张充和的旧居，秋夜枯坐在原主人留下的空书桌前，痴情的诗人翻空抽屉，瞥见一束无人过问的字稿，居然是沈尹默给张充和圈改的几首词稿，于是宝贝一样地取走，保存了二十余年。1980年，卞之琳访问美国时，与张充和久别重逢，将词稿物归原主。张充和说他只不过是单相思，可纵然是单相思，能够持续如此之久，感情如此浓烈，即使得不到回应也足够动人了。

1948年，张充和在炮火声中嫁给了傅汉思。那一年，她已经三十五岁了。她和傅汉思也是在沈从文家里相识的，一开始，傅汉思是来找沈从文的，后来就专门来找她了，沈从文的儿子小虎亲昵地叫他"四姨傅伯伯"。

在重庆的时候，章士钊曾为张充和赋诗一首，将她比作蔡文姬："文姬流落于谁氏，十八胡笳只自怜。"这令张充和很不高兴，她觉得这样比喻是"拟于不伦"。嫁给傅汉思后，她每每自嘲道：他说对了，我是嫁给了胡人。

对傅汉思这个终身伴侣，张充和是满意的。她提及傅汉思的次数不多，说汉思是个单纯的好人，被人欺负了也不知道。巧的是，这对中西合璧的伉俪称得上志同道合，他们都是中国传统文化的爱好者，张充和说汉思的汉学修养很深，对中国历史比她还要了解，写起文章来一篇是一篇，让她很服气。

这段婚姻对充和的最大影响是促使她选择了远渡重洋。1949年，张充和与傅汉思在上海搭上"戈顿将军"号前往美国，随身带着一方古砚、几支毛笔和一盒五百多年的古墨。

这个着迷于中国传统文化的人，最终却选择了去国离乡。她离开的时候还预想不到，孤悬于海外的她，反倒保存了一方传统文化的小天地。天地虽小，但能够容下一个优雅而干净的灵魂，已经足矣。

张充和对自己的吟诗作词，有一个特别有趣的比喻，她说自己写东西是"随地吐痰，不自收拾"。

说这句话时，她已经是九十多岁的老人了。老小老小，心里怎么想就怎么说，真是一派天真，可爱极了。

张充和一生醉心艺术，但始终保持着老派人"游于艺"的态度，书法也好，诗词也好，都是写了就写了，没想过要结集出版，更没想过要去抢占艺术史上的一席之地。

她很早就开始了写作，随写随丢，一生中从未主动出版过任何著作。倒是那位暗恋她的诗人一片痴心，私下将她发在报刊上的作品都收集起来，拿去香港出版。在耶鲁大学任教时，一名洋学生自费给她印了本诗集，名字很美，叫《桃花鱼》，装帧也很美，收入的诗只不过寥寥十几首。她百岁时，广西师大出版社推出了一套张充和作品集，包括《天涯晚笛》、《曲人鸿爪》和《古色今香》等，收录的其实都是她无意中留下的吉光片羽。

张充和本是无意于以著作传世的，做什么都是随兴而至，她曾经说过："我写字、画画、唱昆曲、作诗、养花种草，都是玩玩，从来不想拿出来给人家展览，给人家看。"苏炜回忆自己和洋学生向张充和学书法时，张充和经常用清水在纸上写字教他们，他们试图游说她用墨写在宣纸上以图保存，不料一向温和的老人居然生了气，坚持要用清水写。

英国诗人济慈的墓碑上写着一句话："这里躺着一个人，他的名字写在水上。"张充和，也是这样一个"把名字写在水上"的人啊。写的过程就是消失的过程，像飞鸟掠过，天空却并没有任何痕迹。

不过，张充和这样旧派的人，未必会喜欢这类新诗风格的句子。她自撰的诗中有一句意思和此相仿，足以概括平生："十分冷淡存知己，一曲微茫度此生。"

这一曲微茫，正是民国年间的古韵遗响，随着那个年代的远去，已成绝唱。

2015年6月的一天，早上起来，微博、微信上都是关于张充和去世的消息，想起自己一年前写过有关她的文章，也算是用这支拙笔，让不少人熟悉了这位民国闺秀。张充和一生经历了战火纷飞，走过了流离乱世，却从未改变过对传统文化、书香生活的热爱，一生与昆曲书法做伴，一生优雅从容。如今，斯人已逝，属于她的时代已经结束，但她内心的执着和处世的淡然却仍然值得我们敬佩。

林徽因：倾我所有去生活

一个人身后的毁誉都是难以估量的，去世于1955年的林徽因无论如何也想不到，在她去世半个多世纪后，她突然之间成了"国民女神"。

她在世的时候，虽说也是风光无限，但和她相同段位的民国女子并不少，我们可以列出一串长长的名字：张爱玲、萧红、胡蝶、陆小曼……论才华，论风情，论名气，任何一个人都并不逊于她。

可如今呢，很多名字都已经淹没在岁月的洪流中，而林徽因的名声却越来越响，要是像选秀节目那样，让粉丝们自发地给心中的女神投票，上面提到的人物都会获得不少票，但她们的粉丝加起来可能还没有林徽因的多。

这可能要归功于那部名叫《人间四月天》的电视剧，周迅饰演的林徽因活脱脱是落入凡间的精灵，俘获了万千文艺青年的心；

这可能还要归功于那本名叫《你若安好，便是晴天》的传记，作者白落梅用一大堆华丽的词藻塑造了一个淡然完美的林徽因，这本书据说卖了上百万册，女神的形象由此得以树立并深入人心。

微博时代，各种关于林徽因的语录铺天盖地，她不是在教人们"温柔要有，但不是妥协"，就是碎碎念着"我们要在安静中，不慌不忙地坚强"。听上去，要多"鸡汤"就有多"鸡汤"。

如果说"暴红"只是一场闹剧，林徽因若泉下有知，顶多是苦笑着摇摇头而已，后面的世情反转对她来说恐怕就是晴天霹雳了——在被捧上神坛若干年以后，她又一次成为代言人，只是这次她代言的不是女神，而是"绿茶"！打下这两个字时，我都要替林徽因难过了，她那么爱惜羽毛，却管不了身后的洪水滔天。

其实，塑造出林徽因"女神"或者"绿茶"形象的，都是那几个广为人知的段子：

据说，她曾经在异国的寂寞岁月里，给大洋彼岸的一群异性朋友"群发"情书，对象包括徐志摩和张歆海等人。

据说，她曾经在梁思成向她示爱时，回答说："答案很长，我准备用一生的时间来回答，你准备要听了吗？"

据说，她一生都活在情爱的纠结之中，和梁思成在一起的时候放不下徐志摩，后来又爱上了金岳霖……

女神如花隔云端，由于离得太远，太过缥缈，看不清她的容颜，人们只得凭着这几个零零碎碎的片段，拼凑出了他们想象中的林徽因：说好听点是柔弱、多情，说难听点则是作、矫情。

那么，抛去女神的光环，真实的林徽因到底是什么样子的呢？让我们一起来考证几个关于她的"千古之谜"。

第一，林徽因到底作不作呢？

在朋友们关于她的描述里，她为人相当磊落坦荡，性情急躁，快人快语，绝不像某些文艺作品塑造的那样矫揉造作。世人提起陆小曼来，总忘不了她的娇嗲，可林徽因好像连撒娇都不太会。

作家萧乾曾讲述过初次见到林徽因的感受。在见到她之前，萧乾听闻她患有肺病，以为会看见一个林黛玉式的女子，没想到见了面之后，看见她穿了一身骑马装，显得英姿勃勃，嘴里叽叽呱呱说个不停，别人都插不上嘴，俨然一个话口袋子，大有史湘云的风范。

冰心写了著名的《太太的客厅》讽刺她，她那时恰好去山西考察寺庙建筑，回北平时带回了一坛又陈又香的山西醋，叫人送给冰心，回击得又快又准，一点都不拐弯抹角。换了其他女作家，可能引起的是一场没完没了的笔战，难得她这样直接。

与梁思成结婚后，她和金岳霖似乎产生了一些感情，她也不遮掩，大大方方地对梁思成说自己苦恼极了，因为她同时爱上了两个人，问他该怎么办。梁思成也是个大方的人，想了一夜告诉她：你是自由的，如果你选择老金，祝你们幸福。末了，倒是金岳霖选择了退出。这样的做派，三个人都表现得何等霁月光风。

如果你了解到她的这一面，就不会轻信网上那些盛传的所谓林徽因语录了。她这么爽利的一个人，怎么可能说出那么矫情的话来？

第二，林徽因到底是不是"三个男人成就的女神"？

林徽因的男人缘是很好的，而且对方都是重量级的：诗人徐志摩曾为她发狂，建筑学家梁思成守护了她一辈子，哲学家金岳霖则至死都怀念她，所以曾有人撰文称她是"三个男人成就的女神"。

她遇到徐志摩时，还只有十六岁，正是少女怀春时，遇到热情似火的徐志摩，难保不动一动心，但也仅仅是动心而已。林徽因恐怕不想担上"破坏他人家庭"的罪名，更何况，徐志摩的热度实在太高，她生怕被这种热度灼伤，连婉拒的回信都是父亲林长民代写的。

尽管诗人从此在女神的生命中退居到蓝颜的地位，但他堪称林徽因在文艺路上的领路人，引领她进入一个诗意的世界。多年以后，林徽因的闺密费慰梅说："多年后听徽因提起徐志摩，我注意到她对徐的回忆总是离不开那些文学大家的名字，如雪莱、济慈、拜伦、曼殊斐儿、伍尔芙。我猜想，徐志摩在对她的一片深情中，可能已不自觉地扮演了一个导师的角色，领她进入英国诗歌和英国戏剧的世界，新美感、新观念、新感觉，同时也迷惑了他自己。"

徐志摩因空难去世后，她满怀深情地写下了《悼志摩》："志摩的最动人的特点，是他那不可信的纯净的天真，对他的理想的愚诚，对艺术欣赏的认真，体会情感的切实，全是难能可贵到极点。他站在雨中等虹，他甘冒社会的大不韪争他的恋爱自由……"梁思成去事发地点给她找来一截飞机上的残骸，她将那截飞机残骸悬于床头，至死都没有拿开。

但她同时坦言："这几天思念他得很，但是他如果活着，恐怕我待他仍不能改的。……也许那就是我不够爱他的缘故……"你看，她就是这么冷静，悲伤的时候仍然保持着清醒的反思。

在她的后半生，她渐渐不写诗了，可是徐志摩对她的影响一直都在，那是一种"诗意的信仰"，让她的一生"至少没有太堕入凡俗的满足"，如她所说，"志摩警醒了我，他变成一种Stimulant（激励）在我的生命中"。

她和梁思成走的是"父母之命，媒妁之言"的老路，但这并不影响他们相依相偎，度过了恩爱的一生。老实说，梁思成性格稳重温和，他才是真正适合她的人。

和诗人徐志摩交往时，林女神是写诗的；嫁给建筑学家梁思成后，她放下写诗的笔，投身于建筑领域。写到这里，一个词忽然掠过我的脑海："海绵女"！可不是吗，林徽因身上就有海绵的那种特质，一段感情不管走向如何，她都会从中吸取养分，她的生命由此也变得越来越丰盛。

当然，吸收的同时她也在回馈，据说梁思成走上建筑的道路，还是受她的影响。战火纷飞的年代，她随着梁思成辗转多个大学，建立中国人自己的建筑系，教授培养出中国第一批建筑师，并倾注心血帮助梁思成完成多部关于建筑的论著。她去世后，有人评论说梁思成的文字仿佛也从此灰沉暗淡，再无动人的才气。

真正成就了林徽因女神之名的是第三个男人——哲学家金岳霖。金岳霖一辈子都逐林而居，有时梁思成和林徽因吵架，也是金岳霖做仲裁，把他们搞不清楚的问题弄明白。金岳霖在遇见林徽因之后再未对别人动心，终生未娶，待林、梁的儿女如己出。

林徽因去世的时候，金岳霖送了一副挽联："一身诗意千寻瀑，万古人间四月天。"就算徐志摩在世，也未必写得出这么工巧贴切的挽联来。

林徽因去世很多年后，有一天，金岳霖突然在北京饭店宴请朋友们，席上，老朋友问他为何请客，他动情地说："今天是徽因的生日。"

一个女人但凡有点姿色，能让男人钟情并不是件难事，难的是钟情一辈子。柏拉图说，理性是灵魂中最高贵的因素。而林徽因正是个相当理性的人，她对感情的清醒和克制，让遇到她的男人往往能保持最初对她的倾慕。男女之间的关系，最怕把握不好尺度，但毫无疑问，林徽因是个分寸感很强的人，所以她才在两性关系上走出了一条恋人和朋友之外的路来。

回到开始的那个问题上，林徽因到底是不是被三个男人成就的呢？我以为，与其说她是被他们成就的，还不如说她和他们之间是互相成就的。像林徽因这样有着清醒头脑和不凡资质的女子，就算不碰到徐志摩、梁思成，也会遇到张志摩、李思成，比较起来，倒是金岳霖这样的人可遇而不可求，纯属奇迹。

第三，林徽因是如何成为"妇女公敌"的？

这个问题和第二个问题可以相参照，一般来说，成为女神的人往往不那么受同性的欢迎。林徽因的问题是，她何止是不那么受欢迎，她简直就是很不受欢迎。

"冰心大战林徽因"的桥段上面已经说过了，放眼民国文艺圈，好像也没有谁是林徽因的闺密。她唯一称得上亲密的女性朋友是费慰梅，人家是外籍人士，美国大妞，没有什么弯弯绕的心思。

话说回来，广大女性那么不待见林徽因，除了忌妒，就没别的原因了吗？与林徽因过从甚密的作家李健吾曾对林徽因的为人做过这样的描述："绝顶聪明，又是一副赤热的心肠，口快，性子直，好强，几乎妇女全把她当作仇敌。"

林徽因这个人，确实是顶好强的一个人，做什么都是竭尽全力，从个人形象到事业理想，她要么不做，要做就做最好的，"倾我所有去生活"说的就是她。有多少长得美而不懂得爱惜的人，白白地浪费了自己的美，林徽因可不这样，她相当注意个人形象，出门前要花大力气好好捯饬，以至于有好事者撰联称"林小姐千装万扮始出来，梁公子一等再等终成配"；她搞文学创作的时候，诗歌、散文、小说样样都写，恨不得开发出十项全能，这股子劲就够让人佩服的了；她转行搞建筑后，长途跋涉，风餐露宿，与梁思成共同走了中国的十五个省、两百多个县，考察测绘了两百多处古建筑物。

最重要的是，她在做这一切时并没有觉得苦，而是乐在其中，即使坐在拥挤不堪的火车上，打扮得像个农妇，她也不改其乐。林徽因的大半生都在颠沛流离中度过，纵使如此，也没有妨碍她向上的追求，这样的精气神，倒可以和徐志摩在雨中等彩虹媲美。只不过，徐志摩追求的是美，是爱，林徽因的一生则是爱智的一生，爱情在她的生命中所占的分量并不重，她毕生都在追求一个日益完美、博学、睿智的自我。讽刺她举办"太太的客厅"文化沙龙是为了博取更多人爱慕，那真是太小瞧她了，她只是想享受精神交流的愉悦，前提是，和她交流的人得具有同等智商。

据统计，她卧病一年间做了这么多事：创办清华建筑系，参与国徽设计，革新景泰蓝工艺，护卫城墙牌楼，讲授专业课程，指导毕业论文，整理作品，写文章，翻译苏联专著，甚至还准备研究《诗经》和《楚辞》的语言问题。

面对这样的统计，不仅是我，只怕连那些和林徽因同时代的民国女子都要瞠目结舌了。我们的林女神活得太用力了，以至于超出了大众对女性的固有期待。中国人讲究姿态，讲究举重若轻，一直都不那么推崇太过用力的生活。人们无法理解她的志趣追求，而对于无法理解的东西，排斥是自然的。相对来说，男人们对于一个性别角色有些出位的女性反而要大度些，这或许就是林徽因深受异性欢迎而受同性排斥的真实原因了。

林徽因的文学作品，最出名的就是那首《你是人间的四月天》，而她最好的作品就是她的人生，能够让她成为民国女神范本的，正是她多姿多彩的生活。

林徽因在不算太长的一生中，始终保持着一种略微紧绷的姿态，像是一把弓，拉得满满的，不管是对待感情还是事业，都从未松懈过。在感叹这样的人生未免太累时，你不妨想想黄碧云的这句话：

"如果有天我们湮没在人潮之中，庸碌一生，那是因为我们没有努力要活得丰盛。"

陆小曼：为爱痴狂

"为人不识陈近南，便称英雄也枉然。"

这是一代武侠宗师金庸在《鹿鼎记》中胡诌的。

"为人不识陆小曼，阅尽群芳也枉然。"

这是无名小辈慕容在写这篇文章时胡诌的。

可即便是胡诌，也并不是信口开河，我这句话是有依据的。要知道，就连民国最牛的青年导师之一胡适也说过，陆小曼是北平一道不可不看的风景。

在"名媛"这个词还没有变味的时代，陆小曼以杰出的个人魅力，让刚刚从封建王朝走出来的人们见识到了什么是真正的名媛。她在最风光的时候，曾与上海的唐瑛并称为"南唐北陆"，成为北平名媛的标志性人物。

陆小曼出身名门，父亲曾任财政部司长，母亲是常州的大家闺秀，生了九个孩子，只有她活下来了，因此全家视她如珠似宝，她从小受到的宠溺和关爱都是"独一份"的。她念书的时候，就已经出落得美而艳，能诗能画，能写一手漂亮的蝇头小楷，能唱歌，能演戏，在学校有"皇后"之称，毕业后还曾到外交部担任翻译。据说她每次到剧院或者中央公园游玩时，身后常跟着一长串"随从"，里面有中外大学生数十人，有的为她拎皮包，有的为她拿外衣，而她则"娇不一顾"。据说金庸笔下那个活泼娇美的俏黄蓉，原型之一就是年轻时的陆小曼。这样的女子，喜欢的人赞一声尤物，不喜欢的就要视之为祸水了。

和情敌林徽因不一样的是，陆小曼的魅力是"男女通吃"的。前夫王赓与她离婚后再未成婚，大师胡适对她念念不忘，郁达夫则称她是"震动20世纪20年代中国文艺界的普罗米修斯"。连同性似乎也对陆小曼心生倾慕，张幼仪见过她之后，自愧"我不是有魅力的女人"，之后和她情谊颇深；张充和曾见过陆小曼一面，对她温文的谈吐印象颇佳。而这两位女士，对林徽因的评价似乎都不高。

这样集万千宠爱于一身，不难解释陆小曼何以形成了恣情任性的个性——一个人获得的宠爱越多，就越容易不压抑自己的天性。她的家庭背景和成长经历和她的夫君徐志摩倒是挺像的。

和徐志摩有交集的三个女人是张幼仪、林徽因、陆小曼。在人们心目中，似乎陆小曼最性感风流，很多人提起她来，都给她冠以"交际花"的头衔。其实看陆小曼流传下来的照片，感觉她真正当得起"温婉娴静"这四个字，是典型的闺秀长相。她有一张低头看书的照片，粉颈低垂，娇羞默默，当真是"闲静时如姣花照水"。

藏在这温婉外表下的，是一颗火热的、为了追求爱情不管不顾的心。

如果人生有四季的话，那么陆小曼在遇到徐志摩之前的岁月都是春天。那是她人生中最无忧无虑的日子，如果还有那么一点遗憾的话，不过是一点点因寂寞而产生的难遣春情。然后，随着徐志摩的出现，她生命中盛大的夏日随之登场。

陆小曼毕业之后就嫁给了毕业于美国西点军校的王赓，两个人一开始相处得还可以，王赓有财力供陆小曼继续过优裕舒适的生活，只是没那么多时间陪她，和她也没有多少共同语言。王赓在北京时，因工作繁忙，有时不能陪陆小曼出游，就邀徐志摩代劳，陆、徐两人性格相近、志趣相投，这样一来二去，即使一个使君有妇，一个罗敷有夫，可还是天雷勾动了地火，爱得死去活来了。

用郁达夫后来的话来说："忠厚柔艳的小曼，热情诚挚的徐志摩，遇合在一道，自然要迸放火花，烧成一片。"

其实，陆小曼并不是徐志摩婚外第一个为之动心的异性，在伦敦留学期间，徐志摩认识了林徽因，两人也曾擦出火花，但为何他们两个人没有"烧成一片"呢？这是因为徐、林二人爱的燃点不同，哪怕热情冲动的徐志摩这边已经烧成灰了，冷静克制的林徽因那边火势还没有起来，自然没办法烧出熊熊烈火来了。

陆小曼不同，她也是渴望燃烧的那类人，给她一点小火花，都能滋滋地烧个半天，何况是遇到了徐志摩这样热情似火的诗人。

徐志摩和陆小曼、林徽因之间的关系一直被后人津津乐道，他究竟最爱林徽因还是陆小曼？这随着他的猝然离世变成了一个不解之谜。

他曾在给恩师梁启超的信中说："我将于茫茫人海中访我唯一灵魂之伴侣；得之，我幸；不得，我命，如此而已。"

谁才是徐诗人茫茫人海中唯一灵魂之伴侣？恐怕还是众说纷纭。在我看来，陆小曼的可能性要远远大于林徽因。所谓灵魂伴侣，通俗地来说，是有着共同精神追求的人，也可以说是遇见"另一个自己"。

世上情侣相爱，唯灵魂相契者最不可分。就我看来，徐志摩和林徽因压根儿不是一个世界的人，他和陆小曼才称得上有相似的灵魂。林徽因理性，陆小曼感性；林徽因冷静老成，陆小曼热情天真；林徽因争强好胜，凡事都想做到最好，陆小曼散漫淡然，做事纯凭兴致。两者谈不上孰优孰劣，只是天性不同而已。

在精神追求这方面，徐志摩和陆小曼真是志同道合。徐留给后世的头衔是诗人、艺术家，我总觉得，他原本无意做艺术家，他就想做个简简单单的情种，写诗这回事，对他来说，不过是疯狂恋爱或者想恋爱而不得的副产品而已。陆小曼也唱戏，也写旧体诗，也画山水花鸟，一度对每日票戏跳舞的生涯迷恋不已，做这些事无外乎是为了好玩，她可不会铆足了劲，一心要在哪个行当里干出个名堂来。

对旁人来说，爱情只是锦上添花的事；对徐、陆两人来说，爱情就是生活的重心，不恋爱，毋宁死。这两个人骨子里都是天生恋爱狂。陆小曼是很勇敢的，为了能和前夫顺利离婚，她不惜打掉了腹中的胎儿。堕胎术在那时还不像今天这样普及，陆小曼在女佣的陪同下找了家德国诊所，结果手术中大出血，胎是打下来了，她也落下了严重的妇科疾病。

陆小曼带着一身的病痛嫁给了徐志摩，而付出惨重代价换来的婚姻生活真的幸福吗？民国那会儿，受西方思潮的影响，文人们闹恋爱追求的是"灵与肉的结合"，陆小曼自述病情沉重得"一过夫妻生活就要晕厥"，看来他们是无法充分实现"灵与肉的结合"了。不单如此，她还因此不能生育，但这并不妨碍他们迎来了生活中最甜蜜的时光。

关于这段生活，在徐志摩的《爱眉小札》中有充分的展现，那真是一段蜜一样的时光啊，即便他们的爱情于世所不容，即便他们得到的责难多于祝福，也并没有抵消他们一分一毫的幸福感。

陆小曼惊世骇俗的感情经历并不为当时主流社会所接纳，结婚时，证婚人梁启超毫不客气地当着大家的面说：徐志摩、陆小曼，你们听着，你们两人都是过来人，离过婚又重新结婚，这全是由于用情不专，以后要痛自悔悟、重新做人。我作为你徐志摩的先生——假如你还认我为你的先生的话，又作为今天这场婚礼的证婚人，我送你们一句话：祝你们这是此生最后一次结婚！

徐志摩因飞机失事意外去世后，陆小曼要面对的，不仅是失去爱人的悲痛，更是漫天的恶意：徐志摩的朋友们认为是陆小曼贪图享受不肯北上才导致悲剧上演。这样的事故对徐、陆二人来说都是不幸的，却由此成全了他们的爱情传奇。在此之前，由于陆小曼的挥霍，他们已渐生龃龉，也许再这样下去，两人难免会成为一对怨偶。徐志摩的辞世，让他们还来不及彼此深深厌弃。在徐志摩去世后一个多月，陆小曼写了《哭摩》，这篇文章写得情真意切，悲伤痛苦跃然纸上。

陆小曼的人生，由此告别了春夏，一脚迈进了肃杀的冬天。从此她半生都身着素衣，且再不出去交际，她的后半辈子，做得最多的事就是编辑整理徐志摩留下的遗作，卧室里一直挂着徐的遗照。她临终时，唯一的要求是希望能和徐志摩合葬，可惜，这个愿望被徐志摩的儿子拒绝了。

陆小曼最为人诟病的，是徐志摩去世后，她一直跟翁瑞午混在一起，不明不白地混了大半生，连个名分也没有。连胡适都看不过去了，去信要求她和翁绝交，甚至愿意承担她的生活费用。陆小曼很坚定地拒绝了。

胡适他们不知道，翁瑞午有他的过人之处，这人习得一手好推拿术，徐志摩还在世的时候，就请他上门来给陆小曼治病，经此人推拿之后，陆小曼的疼痛大为缓解。根据他们的描述，我怀疑陆小曼患有严重的痛经，其他的妇科病不至于痛得死去活来。

很多人都无法理解陆小曼的痛楚，也就无法理解翁瑞午对她的重要性。翁瑞午有手到痛除这样的绝活，陆小曼如何能够离得开他？对她来说，翁瑞午才是能医她的药。病痛来袭时，徐志摩纵然才华盖世，也不能帮她分担一点点痛苦。人嘛，总要在无病无灾时，才会有更高级的精神追求。理清了这一点，才会明白陆小曼为何婉拒胡适的援手而坚持对翁瑞午不离不弃了。

陆小曼曾说过自己和翁瑞午之间的关系："我与翁最初绝无苟且瓜葛，后来志摩坠机死，我伤心之极，身体太坏。尽管确有许多追求者，也有许多人劝我改嫁，我都不愿，就因我始终深爱志摩。但是由于旧病更甚，翁医治更频，他又作为老友劝慰，在我家长住不归，年长日久，遂委身矣。"

可惜的是，后世之人读书，关注点都放在"追求者""改嫁"这样的八卦字眼上，完全没有发现"旧病更甚，翁医治更频"才是关键。

陆小曼那时风姿绝艳，很多人都觉得翁瑞午捡了个大便宜。实际上像她这样的女病人，是只可远观的，翁瑞午一心追求她，更多的还是一种精神上的向往。根据他们的描述，两人在一起，要不就是翁瑞午给她推拿按摩，要不就是两人对躺于烟榻之上，一同吞云吐雾。抽鸦片烟是翁瑞午教陆小曼的，这又成了他们一起堕落沉沦的罪证，殊不知，那时的人们普遍认为鸦片是上好的镇痛药，抽鸦片的初衷还是为了治病。

陆小曼和翁瑞午同居时，和他约定：不许抛弃发妻，不正式结婚。她这样做其实也是有苦衷的，她不能生育，不想妨碍翁瑞午生儿育女。后来，翁瑞午果然两头跑，和发妻生育了五个儿女。也许你会认为陆小曼"深受封建男权思想毒害"，我却觉得，这姑娘是真厚道。

翁瑞午待陆小曼，那是真正拿她当心尖尖上的第一等人来相待。陆小曼身体不舒服，他为她推拿；陆小曼有鸦片瘾，他花大价钱给她买来；更有甚者，陆小曼不喜吃牛奶而喜吃人奶，他就为她请了一个奶妈。纵然是徐志摩在世，也不能如翁瑞午这般一味做小伏低。

最难得的是，他陪伴陆小曼长达三十三年，从她风华正茂一直到红颜凋尽。到了晚年，陆小曼由于长期吸食鸦片，容颜憔悴，一口牙齿脱落精光，他却依然陪在她身边，嘘寒问暖，并无丝毫嫌弃。

陆小曼说到底还是幸运的，为轰轰烈烈的爱情燃烧过后，还能遇到陪她看细水长流的人，足足被爱她的男人宠了一辈子。但仔细想想，这种幸运，何尝不是她自己的选择？人生过得如何，归根到底还是看你选择做什么样的人，以及和什么样的人在一起。

现代人可能很难理解陆小曼为何会被那么多段位高的男人垂青。要说美，她的长相在同时代女性中算是出挑的，但也拔不了头筹；要说多才多艺，民国那些闺秀名媛，谁没有两把刷子呢？陆小曼的特别之处在于，她这一生活得特别纵情，似乎注定是为爱而生，哪怕最后为爱所累，也不悔初衷。试问你敢不敢，像陆小曼那样为爱痴狂呢？

和徐志摩有过纠葛的两个女子，林徽因最后成了国民女神，女神是高高在上的，只可远观；陆小曼呢，本就无意做女神，也做不了女神，只是一不留神成了尤物，一辈子都娇俏可人、活色生香，本来只想让意中人为之颠倒，不经意间却颠倒了众生。

许多年以后，和陆小曼相交四十余年的陈巨来在回忆录中写道，与陆小曼相识后，"觉只有娇态，但一无轻浪之言行，又生平不背后诋人，存心忠恕"。这是我听过的对陆小曼最中肯的评价。

就是这个巨来老人，和陆小曼从未一握手，一戏谑，却在暮年时讲起自己曾经差点吃了陆小曼吐的酒酿渣。听他的口气，好像还为没有吃到而感到遗憾呢。只有不世出的尤物，才会拥有这样死忠到老的粉丝吧。

张幼仪：成全了自己的碧海蓝天

一个相熟的姐姐最近遇到了麻烦事，她的老公出轨了。这个姐姐哭也哭过，闹也闹过，就差上吊了，老公还是铁了心，宁愿净身出户也要离婚。

姐姐向大家哭诉说，日子没法过下去了，老公一个月没回家，回到家里看她的眼神就跟看一块抹布没有区别。

我禁不住弱弱地说：要不，就离了吧。

话才出口，姐姐就握着小粉拳两眼喷火地吼了起来：我就不离，哪能这么便宜那对狗男女！

姐妹们也附和着说：就是就是，你就耗着，死也不能成全他们。我只好识趣地闭嘴了。

是选择和"小三"硬耗，还是断然离去，这恐怕是"家有出轨男"的女人遇到的最大难题。

很多年以前，一个叫张幼仪的民国女子也遇到了这样的难题，她的老公徐志摩，爱上了一个叫林徽因的女孩。严格来说徐志摩并不算出轨，顶多算作出轨未遂，因为林徽因并没有接受他的示爱。可是他已经等不及了，急吼吼地要求离婚，不顾家中妻子刚刚生下第二个儿子。

张幼仪大可以哭闹，大可以痛骂传说中的"狗男女"，可是她没有，最终，她接过他早就准备好的离婚协议书，签下了自己的名字。他不是对无爱的婚姻忍无可忍了吗，她又何尝不是？那就成全他吧。

签下名字那一刻，她可能并没有想到，这将是她生命中一道华丽丽的分割线。

这次离婚，被称为"第一桩西式文明离婚案"，张幼仪也成了"文明离婚第一人"。

张幼仪的人生，以离婚为分割线，大致可以分成两部分。

离婚之前，套用日本电影《被嫌弃的松子的一生》的片名，那完全就是"被嫌弃的张幼仪的前半生"啊。

有个问题估计困扰了她大半生：徐志摩到底为什么这么嫌弃她呢？论出身，她家世显赫，光是陪嫁的家具就塞了一节火车车厢还不止；论长相，她并不丑，眼睛还挺大的；论性情，她温和善良，公公婆婆都对她称赞不已；论学识，她也读过女子师范，出国后还努力学英文。

不管以哪个标准来衡量，她都称得上是个标准的贤妻了。可惜她嫁的是一个诗人，徐志摩那时要的可不是什么贤妻，他只想要一场惊天动地的爱情。看看他倾慕的两个女子，我们大致能推测出他的择偶标准，首先他肯定是个"颜控"，林徽因、陆小曼在民国都是压倒群芳的人物；其次他喜欢性格飞扬开朗的女子。按这两个标准，张幼仪的确不是他那杯茶。

徐志摩是个很招人喜爱的人，民国的才子学者中，恐怕数他和胡适人缘最好。梁实秋曾说："他喜欢戏谑，从不出口伤人。他饮宴应酬，从不冷落任谁一个。"

就是这样一个从不出口伤人、从不冷落朋友的"暖男"，把热度都给了朋友和婚姻之外的女子，却把冷漠和伤害统统留给了家中的妻子。

在那段持续七年的婚姻中，张幼仪得到了丈夫的什么？

他直截了当的嫌恶。张幼仪在侄孙女张邦梅为她写的传记《小脚与西服：张幼仪与徐志摩的家变》中自述道，徐志摩根本没有爱过她，这场包办婚姻让他厌烦透了，第一次见到她的照片就骂她"土包子"，奉命成婚之后，看她百般不顺眼。有一次，徐志摩在院子里读书，突然喊一个用人拿东西，又感觉背痒，就喊另一个用人抓痒，一旁的张幼仪想帮忙，徐志摩却用轻蔑的眼神制止了她。

他毫不掩饰的冷漠。1920年，徐志摩收到张幼仪二哥张君劢的信，被迫把张幼仪接到自己身边。张幼仪回忆当时徐志摩的态度:"我斜倚着尾甲板,不耐烦地等着上岸,然后看到徐志摩站在东张西望的人群里。就在这时候,我的心凉了一大截。他穿着一件瘦长的黑色毛大衣,脖子上围了条白丝巾。虽然我从没看过他穿西装的样子,可是我晓得那是他。他的态度我一眼就看得出来,不会搞错的,因为他是那堆接船的人当中唯一露出不想到那儿表情的人。"

他费尽心思的羞辱。在英国时,有次徐志摩曾邀请过一位明小姐,去他和张幼仪在剑桥的家中吃饭。这位明小姐头发剪得短短的,涂着暗红色的口红,穿着一套毛料海军裙装,可她偏偏有一双挤在两只中国绣花鞋里的小脚,这让张幼仪很震惊。事后徐志摩问张幼仪对明小姐有什么意见,张幼仪答道:"小脚和西服不搭调。"徐志摩随即尖叫:"我就知道,所以我才想离婚!"事实上,张幼仪并没有裹脚。

简直无法想象,以上这些行为都是写出那些深情诗句的诗人所为。如果说认识林徽因之前,他对她还仅仅是冷漠,那么后来就变成了冷酷。在英国索斯顿,张幼仪惴惴不安地告诉丈夫,自己又怀孕了。徐志摩想都没想就让她"把孩子打掉"。她弱弱地说了一句"我听说有人因为打胎死掉了",换来的是丈夫冷冰冰的反问:"还有人因为火车事故死掉呢,难道你看到人家不坐火车了吗?"

哀莫大于心死。我想大概就在那一刻,她对眼前的这个男人,对她坚守的这段婚姻彻底死心了。

她没有打胎，孩子生下来了，面对还是坚持要离婚的丈夫，这次她没有再挣扎，终于选择了放弃。

放弃的那一刻，她心里一定是很痛的吧，毕竟，为了赢得徐志摩的心，她做了多少努力啊。他说她土，她就学着穿礼服、戴礼帽，力图打扮得新潮点；他嫌她没什么学识，她就拼命学英文；他在外面有了喜欢的人，她也不吵不闹，只是默默地照顾着他，希望他有朝一日能回头。

在嫁给他之后，她什么都怕，怕离婚，怕做错事，怕得不到他的爱，可事到临头，再怕也抵不过心中的痛，她只得放手了。

这样的放手有着太多的不甘，所以即便过去了很多年，她已步入暮年，回忆起这段往事时还不无幽怨地说："我是一把'秋天的扇子'，是个遭人遗弃的妻子。"她始终弄不明白，在这段不长的婚姻中自己到底做错了什么。

亦舒说："当一个男人不再爱他的女人，她哭闹是错，静默也是错，活着呼吸是错，死了都是错。"如果张幼仪能听到这段话，或许就会释然很多。

离婚之后，张幼仪的经历可以拍一部励志大剧，也可以写进香港作家梁凤仪的小说，名字就叫《弃妇翻身记》。

同样是弃妇，人们常常拿张幼仪和朱安做比较，其实两者完全没有可比性。朱安的家世、长相、资质都远远不如张幼仪，不管在什么年代，要离婚都是需要些底气的，朱安先天底气不足。

张幼仪就不同了，她家世好，兄弟中多显赫之人，前公婆也待她如己出，即使徐志摩后来再娶，他们还是只认她这个儿媳妇。她要过的只是她自己这一关，如果她决心要自立，那么站起来并不是件难事。

离婚后没多久，她在德国生下的幼子彼得就夭折了。这个时期，对于独自漂泊在异国的张幼仪，一定是人生中最黑暗的时分吧。苦痛是一场大火，多数人会被这场火烧成灰烬，只有极少数人能在灰烬中涅槃重生，张幼仪就是后者。熬过最难熬的那段岁月后，在她失去了曾经珍视的一切之后，她忽然变得无所畏惧了，因为，她已经无须害怕再失去什么了。

当一个女人一无所惧时，她马上会变得强大起来。张幼仪在德国完成了最初的蜕变，她边工作边进入裴斯泰洛齐学院求学，学了一口流利的德语，她严肃的人生理念契合德国严谨的工作作风，她在这个遥远的国度找回了失落已久的自信。

携子回国后，张幼仪先是在东吴大学教德语，随后任上海第一家时装公司——云裳时装公司的总经理。云裳时装公司开办不久，张幼仪接受时任中国银行副总裁的四哥张公权的提议，出任上海女子商业储蓄银行副总裁，这一岗位和她务实坚毅的性格特别相称，所以她很快就独当一面，才干突出，被称为"有史以来第一位女银行家"。

尽管和徐志摩离了婚，张幼仪仍然以养女的身份侍奉前公婆，老人们也投桃报李，相当疼爱她——要知道，她任总经理的云裳公司，第一大股东就是她的前公公兼养父徐申如。

虽然成了"下堂妇"，但张幼仪心中也许还隐隐盼着前夫能回头。她这个阶段的奋斗，不管是有意还是无意，都在向着徐志摩心中的理想女性努力：他不是嫌她没学识吗，她就潜心求学；他不是嫌她太土气吗，她就干脆自己办时装公司，摇身一变成为时尚掌门人，连陆小曼、唐瑛这样的名媛都要去云裳购置时装。

她的努力果然让徐志摩刮目相看，他后来在写给陆小曼的情书中，曾破天荒表达了对张幼仪的敬重之情："C（张幼仪）可是一个有志气有胆量的女子，她这两年来进步不少，独立的步子已经站得稳，思想确有通道……她现在真是'什么都不怕'……"

可生活毕竟不是电视剧，没有给她一个逆袭的机会。1931年，徐志摩搭乘的飞机在济南党家庄附近触山爆炸，报信的人先通知了陆小曼，没有经历过风浪的陆小曼无法接受这个噩耗，把报信人关在了门外。报信人无奈，只得去通知张幼仪，她冷静果断地让八弟带领十三岁的儿子阿欢前往济南认领遗体。公祭仪式上，陆小曼想把徐志摩的衣服和棺材都换成西式的，被张幼仪坚决拒绝了。

关于张幼仪其人，梁实秋在《谈徐志摩》一文中，对她的评价最为中肯："她沉默地、坚强地过她的岁月，她尽了她的责任，对丈夫的责任，对夫家的责任，对儿子的责任——凡是尽了责任的人，都值得尊重。"

在我看来，她最值得尊重的地方是她的大度和隐忍。和徐志摩离婚后，她从未说过前夫的坏话，而且能够放下嫌隙，和前夫做起了朋友。徐志摩去世后，她独自抚养儿子，代他孝敬双亲，为了让后人知道徐志摩的著作，她还策划编辑了台湾版的《徐志摩全集》。有人赞赏她作为新女性奋发图强的一面，我却更敬重她身上旧式女子温厚坚忍的一面。

张幼仪晚年，有人问她爱不爱徐志摩，她答道："你晓得，我没办法回答这个问题。我对这个问题很迷惑，因为每个人总告诉我，我为徐志摩做了这么多事，我一定是爱他的。可是，我没办法说什么叫爱，我这辈子从没跟什么人说过'我爱你'。如果照顾徐志摩和他家人叫做爱的话，那我大概爱他吧。在他一生当中遇到的几个女人里面，说不定我最爱他。"

1949年，张幼仪赴香港。1953年，张幼仪在香港与邻居中医苏纪之结婚。苏医生曾留学日本，在上海行医，也离异有子女。婚前，她写信到美国征求儿子意见。儿子的回信情真意切："综母生平，殊少欢愉，母职已尽，母心宜慰，谁慰母氏？谁伴母氏？母如得人，儿请父事。"就这样，她迎来了生命中第二次婚姻，与第一次经历的锥心之痛相比，这次的经历堪称平淡幸福，她和苏医生相伴了十八年，直到苏医生病逝。

苏医生去世后，她去了纽约，一直活到了八十八岁。生前，她从来没有评论过徐志摩，在她去世八年后，侄孙女张邦梅所著英文版《小脚与西服：张幼仪与徐志摩的家变》出版，她在书中回顾自己的一生说:"我要为离婚感谢徐志摩,若不是离婚,我可能永远都没有办法找到我自己,也没有办法成长。他使我得到解脱,变成另外一个人。"

人生就是这样,有时候你往后退一步,只不过是为了成全别人,无意之中,却成全了自己的碧海蓝天。

萧红：她比烟花寂寞

天才的气息即使只是吉光片羽，也会让人嗅到。

在我小时候背过的众多课文中，《火烧云》是让我印象很深的一篇。我现在还记得，课文里的火烧云在天上变幻出各种缤纷的颜色，一会儿红彤彤的，一会儿金灿灿的，甚至把老爷爷的胡子和栏里的小猪都染成了金色。

记忆中的童年天空，总是被这样瑰丽的火烧云染红，好像天边都着火了。学了那篇课文的傍晚，我急急忙忙跑到猪圈边去看，嘿，我家的两头小白猪果然变成小金猪了。奇怪的是，长大之后，我再也没有见过那样绚烂的霞光。

很多年以后，我才知道那篇课文的作者叫萧红，那时还没读过她的书，只是猜想，她小时候一定又孤单又敏感吧，因为孤单，才会长时间地看天上的云；因为敏感，才会记得那样清楚。而能够喜欢她的人，多半也有这样一段孤单而敏感的童年岁月。

最初读萧红，是从《生死场》开始，读得全身发凉。她笔下人物的命运，就像北方的冬天一样残酷，读到那个瘫子因为无人照料，下身都长出蛆来时，我把书一丢，再也不忍看下去。

怎么会有一个人，把疼痛写得如此真切呢？

当时的我，对这种扑面而来的疼痛避之不及，所以在相当长的一段时间内，我对萧红的作品敬而远之。

还是前几年，开始读她的《呼兰河传》，一读之后就放不下了。这个时候读萧红刚刚好，往前一点，不谙世事，无法体味文中的悲凉滋味；再晚几年，童心泯灭，就领会不了字里行间潜藏的一派天真了。

只有几万字的一篇小说，我却读了很久，恨不得把每个字都先咀嚼一番，再咽下去。我还记得小说开头的那个泥坑，不知道它现在是否还在咕噜咕噜地冒着泡，把人啊马啊往里面吞。读到有火烧云的章节，忍不住笑了，有重遇故人的欣喜。然后，就是放河灯、跳大神的那一段，一个句子冒出来：

满天星光，满屋月亮，人生何如，为什么这么悲凉。

至此，萧红的天才气息显露无遗。如果说《呼兰河传》是一首绝句，这就是全诗的诗眼。儿时读武侠小说，书中常常写人"胸口仿佛被人打了一锤"，总觉得太夸张了。但我读到这个句子时，确实有这种感觉。

最喜欢的章节，还是关于她和祖父以及后花园的故事。她总是说，她家的院子很荒凉，其实有了祖父的陪伴，那个小院子倒是显得暖意融融。祖父教她念诗，她老是瞎嚷嚷。祖父给她烤掉在井里的小猪，她吃得可香啦。她一天天长大，祖父一天天老去，直到有一天，她嚷着要把小猪赶到井里面去，"我要掉井的"，祖父哄着抱她回去。

"祖父几乎抱不住我了。"

简简单单的几个字，我居然看得落下泪来。

满纸都是萧索，满篇俱是悲凉，人生啊，居然寂寞到这样的地步，只能遁进回忆中寻找已逝的温情。

写作《呼兰河传》时，萧红二十九岁，困守在战乱时的香港，用文字来回望故乡。她常说自己是一个没有故乡的人，其实，一个人只有在离开故乡时，故乡才会在记忆中凸现出来。呼兰那个小城，是她最初想逃离的地方，最终却成了她反复回望的地方。

写这部小说的时候，她还不到三十岁，全书却像极了一个老人的回忆录，仿佛人到暮年，透过漫长的岁月回望童年时光。所以《呼兰河传》有一种奇怪的基调，世故杂糅着天真，凄凉交织着欢乐，"童心来复梦中身"，说的就是这种感觉吧。

古人有"诗谶"之说，其实何尝没有"文谶"呢。写《呼兰河传》时，萧红把她对这世间所有的眷恋、怨恨、不甘、悲悯都一股脑儿地写了进去，她是不是预感到，自己的时间不多了？

作品完成后两年，她因为庸医误诊，在香港含恨去世。她临终时已经不能说话，仅在纸上留下了最后的遗言："我将与蓝天碧水永处，留得那半部《红楼》给别人写了。半生尽遭白眼冷遇……身先死，不甘，不甘。"

世人提起弥留之际的萧红，总是喜欢谈论她临终时还盼望着萧军来救她，却忽视了"半部《红楼》"之说。她深深不甘的固然有感情，但更不甘心的是没有写完想写的东西，这对一个天分极高的写作者来说，才是最大的遗恨。"半部《红楼》"并不是指续写《红楼》，只是代指她真正想写的作品。骆宾基在《萧红小传》中回忆说，萧红曾希望他能够把她送回上海："有一天我还会健健康康的出来。我还有《呼兰河传》第二部要写……"

了解到这一点，才能真正认识萧红，才能明白为何她在客居日本、贫病交加时仍能写信给萧军说，那是她的黄金时代——那时她一无所有，却迎来了她身为写作者的黄金时代，阅历、经验、精力恰好积淀到了一定程度，只待喷薄而出。

她原本可以给我们留下更多更好的作品。

可惜的是，后人对萧红感情生活的兴趣，远远大过于对她作品的兴趣。因为在感情上的颠沛流离，她更被很多人看成乱世弱女子的代表。

这真是对萧红最大的误解。

什么是弱者？任凭命运摆弄逆来顺受才是真正的弱者吧。萧红的一生，不论结局如何，都是她主动选择的结果。她长大成人后，每一步都是自己走的，生命中重要的人，都是她自己选择的。哪怕走到了悬崖边上，她也没有放弃过对生命的自主权。她被男人抛弃过，也抛弃过男人，仅仅活了三十一岁，却留下了近百万字的作品，一部《呼兰河传》足以传世，这样的人生，只怕还轮不到绝大多数人来同情吧。

哪怕是她备受诟病的感情生活，其实也并不是完全没有可取之处。

萧红和三个男人同居过。

她很小的时候，就被许配给了富户之子汪恩甲，两个人之间其实是有好感的，萧红在哈尔滨读书时还给他织过毛衣。她之所以逃婚，主要是因为父亲太过专横，还有就是当时家里人希望她辍学以便早日结婚，而她是想继续求学的。这也能够解释，为何她困难时会向汪恩甲求助，两人又为何会同居，毕竟，前面有感情基础在。后来，汪家退婚，萧红还状告汪恩甲的哥哥汪大澄。

两人在东兴顺旅馆住了很久，弹尽粮绝，汪恩甲回家求助，丢下了身怀六甲的萧红，从此杳无音讯。不管汪恩甲是出于什么原因，做出这样的事的确怎么谴责都不过分。但从这段经历可以看出，萧红在感情上是个主动的人，她并不是不能接受汪恩甲，而是不能接受父亲强加于她的态度。

这从她和萧军的交往中也能够看出来。坊间有一句话流传甚广，说萧红每次都是大着肚子被男人抛弃，事实上纯属以讹传讹。第一次，她是被抛弃了没错；第二次，是她主动离开了萧军，萧军才是被抛弃的那个。

萧红困在东兴顺旅馆时，写信向萧军所在的报馆求助。萧军去看她，留下了一些钱和书，两个人之间的交集原本仅此而已。就在萧军要告别时，萧红站起来，对他说，能不能留下来谈谈。这一谈，萧军为她的谈吐和才华所惊叹，从此演绎出了"二萧"的传奇。

在和萧军的感情中，从开始到结束，萧红看似是被动的那个人，其实主动权一直握在她手里。

后来的故事大家都很熟悉，萧军和萧红相处常有摩擦，萧军可能很有男性魅力，时不时闹些绯闻，有次外遇的对象甚至是他们共同的朋友。此外他个性粗暴，甚至动手打过萧红。为了缓解矛盾，萧红在鲁迅的劝说下，一度东渡日本，就是为了有个冷静期。回来后矛盾加剧，萧红痛定思痛，决定与萧军分手。

萧军原本还以为她只是像往常一样闹闹，没做太多挽留，因为这个时候她已经怀了他的孩子。没想到的是，萧红居然怀着孩子嫁给了端木蕻良，"二萧"的缘分至此走到尽头。

要说萧红生命中最爱的男人，肯定是萧军。她那么爱他，却能在认识到他并不适合自己时咬牙抽身而退，这样的行为，能被称为"弱者"吗?

我也不同意那种把萧红看成"人渣吸附器"的看法。汪恩甲勉强能称为"人渣",至于萧军和端木,无论如何都没有堕落到"人渣"的地步。

萧军为人,英雄气极重,是他救萧红于绝境之中,并发掘了她的写作天赋,将她引领到写作路上的。从那以后,萧红就从来没有放弃过写作,这一点萧军居功至伟。他们有过争吵和摩擦,但两人之间始终涌动着相濡以沫的爱意。所以萧红临终时,还想着要她的"三郎"来救她。这样一段感情,纵然是千疮百孔,也不能完全否定。

和萧军相反,端木蕻良的缺点是不会保护女人。萧红怀孕时,端木蕻良居然抛下她一个人先去了重庆,这是他最为人诟病之处。但他也带给了她一段相对平静的日子,在娶她时,他甚至不顾亲友的反对,执意要给她一个正式的婚礼,尽管她当时还怀着别人的孩子。萧红去世后,他独身了很多年才再娶,后来偶尔提起她,也是眷恋不已的口吻。

这两个男人,都不算是十恶不赦的坏人,只能算是有弱点的平常人。

萧红也有她感情上的弱点,她骨子里极热烈,一旦爱上一个人,就会不管不顾、全心投入,和萧军在一起尤甚。这样密不透风的爱情,伤人更伤己。

她还特别要强。萧军回忆当年与萧红的相处时曾说："她最反感的，就是当时我无意或有意说及或玩笑地攻击女人的弱点、缺点的时候，她总要把我作为男人的代表或'靶子'加以无情的反攻了。有时候还要认真生气甚至流眼泪！一定要我承认'错误'，服输了……才肯'破涕为笑''言归于好'。"

这么看来，萧红有着很重的女权意识，可惜，她碰到的时代不对，碰到的人也不对。

萧红的一生，是十分寂寞的。

即使是她爱过的三个男人，也没有充分认识到她的价值，相反，他们常常轻视她。

他们认为萧红是有才华的，却又认为这才华很有限，至少在他们之下。所以，端木会叫萧红替他抄稿子，萧军会嘲笑她写的东西太过靡弱，在她去世多年后还感叹："她的心太高了，像是风筝在天上飞……"

萧红的确是心比天高，不管别人如何评价，她从未低看过自己的创作。聂绀弩说她是个散文家，但小说却不行，她淡淡地辩驳："有一种小说学，小说有一定的写法，一定要具备某几种东西，一定写得像巴尔扎克或契诃夫的作品那样。我不相信这一套。有各式各样的作者，有各式各样的小说。"

唯一充分肯定她的是鲁迅。他出钱帮她出书，不遗余力地替她推介，在她生病时陪她说笑。鲁迅以严肃闻名，可只有在他面前,萧红才恢复了娇俏的小女儿态。有一次,许广平拿出很多发带,把其中一条桃红色的系到了萧红头上,鲁迅见了,郑重地说:"不要那样装她……"他是懂得她的,萧红那样的性格长相,确实和桃红色不搭。

有人揣测他们之间兴许有些暧昧,我倒觉得,他们很像祖孙俩。或许鲁迅毫无保留的付出,让萧红想起了她逝去的祖父。他们是她在人世间觉得温暖的两个人。

萧红的身后更加寂寞。

近来忽然人人争说萧红,说来说去,焦点无非聚集在她和几个男人的故事上。这样的热闹,我想萧红一定是不需要的,像我这样深爱她的读者都觉得不需要。

因为这股热劲,人们喜欢把萧红和张爱玲相提并论。其实不管是在生前,还是身后,萧红的关注度都远远不如张爱玲。这和她们所写的题材有关,张爱玲所写的痴男怨女、都市百态,即使过了数十年,仍然令读者有共鸣,萧红笔下的残酷世相、农村风情,当代大多数读者读起来会有隔膜。她们的文字风格也迥异,张爱玲如错彩镂金,萧红则如出水芙蓉。

张爱玲也遭遇过感情上的坎坷,但很快就启动了自保机制,成全了后半生的雍容自重。

萧红不是张爱玲,她也有一双冷眼,可在看透了世界的不堪后,仍然固执地爱着这个世界。即使饱受白眼冷遇,她仍然渴望爱、渴望肯定、渴望尊重，她如此寂寞又如此热烈，世界如此清冷，她却想用自身的热量把它焐热。她想飞，现实却一直拽着她的脚不放。她是矛盾的，也正是这种矛盾，造就了她小说中的张力。

后来她终于飞起来了，借助于手中的一支笔，往故乡飞去，飞得很低很低。在天空中，她看到了什么，是梦萦魂牵的呼兰河，还是望着她微笑的祖父？

两年之后，她耗尽了最后一丝力气，从天空中坠落了下来。还好，在此之前，她已经完成了自己的飞翔。

她原本还可以飞得更高。

杨步伟：我就是我，不一样的御姐

"我就是我，不是别人。"

"我脾气躁，我跟人反就反，跟人硬就硬。你要跟我横，我比你更横；你讲理，我就比你更讲理。"

这话如果是当今小年轻的QQ签名，倒没什么稀奇的。稀奇的是，说这话的人诞生于一百多年前，放在那个时代来看，的确是够惊世骇俗了。她叫杨步伟，这是她的"御姐宣言"。

民国是一个盛产御姐的年代，传奇如吕碧城，坚韧如张幼仪，走的都是御姐路线。即便在这一众御姐中，杨步伟也毫不逊色。女人这种生物，大多可爱者不可敬，可敬者不可爱，杨步伟却能一身兼之，这造就了她不寻常的一生。

民国御姐是怎样炼成的？

首先，她得有个不寻常的名字。民国女子取名大多清丽雅致，比如说幼仪、小曼之类,女性味十足,一听就是大家闺秀的名字。杨步伟原本也有一个闺秀气十足的名字,叫作兰仙,可见父母期待她长大了能成长为一个吐气如兰的女子。她还有个小名,叫传弟,因她自幼就过继给无子的二叔,家人希望她能给二叔家带去一个弟弟。入学堂后,祖父给她取了个学名叫韵卿。

不管是兰仙还是韵卿,都太过女性化,和杨步伟豪迈爽朗的个性并不相配,传弟就更不用提了。"步伟"之名,是她少时好友林贯虹为她起的。林贯虹很早便看出她的与众不同,对她说:"你这个人将来一定伟大的,叫步伟吧。"杨步伟当时并不接受,日后林贯虹因传染病去世,为了纪念好友,她才正式改名为"步伟"。

这才对了,"步伟"这两个字才衬得起她的奇女子形象。窃以为,杨步伟之所以能够以其特立独行的做派在民国红颜中独树一帜,她这个新名字居功至伟,毕竟,听惯了脂粉气十足的女子名字,突然听到步伟这样中性化而又气概不凡的名字,听者肯定会对这位女士留下深刻的第一印象。

作为一个奇女子,她还得有个不寻常的童年。

和许多离经叛道的人一样,杨步伟的叛逆从很小时就开始了。

一岁抓周时,小小的她没有抓胭脂水粉,反而抓了一把尺子,杨步伟对此解释道:这意味着她将来做人要正直,或预言会"量这个、量那个、量体温、量脉搏什么的"。和她差不多同时代的张爱玲女士,抓周时抓的是个"小金镑",可见有个性的人在幼儿时就露出萌芽了。

在家里读私塾的时候，先生教她孔子的主张"割不正不食"，她马上在饭桌上批评孔老夫子浪费："他只吃方块肉，那谁吃他剩下的零零碎碎的边边呢。"家里人骂她对圣人不敬。

她还编了童谣背着先生唱："赵钱孙李，先生没米。周吴郑王，先生没床。冯陈褚卫，先生没被。蒋沈韩杨，先生没娘。"长辈们听了，笑骂她是没有规矩的"万人嫌"。

她小时候还有很多外号，"大脚片""天灯杆子""搅人精""败家子"。这里可以看出她的特点：没裹过脚，长得高而瘦，老是调皮捣蛋。从她的自传中可知，她还曾经与家族的兄弟们到秦淮河游花船。

有件小事可见杨步伟幼时的淘气。黎元洪曾经住在她家里，下雪天，杨步伟捏了个小雪人放在黎元洪的被子里。黎元洪拿着尺子在她手心轻轻打了五下，说她放的雪人弄湿了他的被子。杨步伟竟抢过尺子，在黎元洪的屁股上还了五下，还说，是他的屁股不好，尿湿床的。

其实在杨家的后辈中，黎元洪最喜欢的就是这个小淘气包。杨步伟从日本学医归来后，黎元洪还表示要捐助她办医院。

要想成为御姐，最重要的还是得具有自由的思想和独立的意识。

十六岁那年，杨步伟参加南京旅宁学堂考试，入学考试作文题为《女子读书之益》，她这样写道："女子者，国民之母也。"此话一出，简直是平地起惊雷，堪称吾国女权主义之先声。

杨步伟的退婚宣言也饱含女权意识。也是十六岁时，家人要她嫁给指腹为婚的二表弟。她不干，坚决要退婚，还自己拟了一封退婚信："日后难得翁姑之意，反贻父母之羞。既有懊悔于将来，不如挽回于现在。"翻译成白话文就是：怕日后不能讨得公婆的欢心，反而使父母蒙羞。与其将来懊悔，不如现在就收回婚约。

养父迫于无奈，同意取消婚约，但要她立誓终身不嫁。生父则气得表示"不嫁就处死"。最后还是开明的祖父出面，此事才收了场，她以不屈的抗争换回了自由。这场胜利使她感到，"有生以来到现在第一次我才是我自己的人"。

要想成为御姐，当然还得有自己的事业和追求。杨步伟这方面的表现也很不赖。

她曾经担任过女子中学的校长。1912年，时任安徽督军兼第一、四两军军长的柏文蔚办了所崇实女子中学，培养训练五百多名北伐女子敢死队队员。年仅二十三岁的杨步伟被请去当了校长，把学校管理得井然有序，她领导学员学习纺织、刺绣及救护等，轰轰烈烈。她还曾坐镇指挥，平息了一场士兵哗变。

她还是中国第一位女医生。1919年，三十岁的杨步伟在日本女医学校获得医学博士学位，回到国内，和同学李贯中在北京西城绒线胡同开办了森仁医院，只设妇产科和小儿科，她也成为我国第一代西医妇产科医生和第一位女院长。因她和李贯中以及去世的同学林贯虹三人的姓中都有个"木"，三木成"森"，其中一人已故，只存二人，遂称"仁"，这就是森仁医院之名的由来。

嫁给赵元任后，她不再经营医院，成为一名家庭主妇。她这个家庭主妇可不简单，办过饭馆，出过畅销书，还推行过计划生育。

在清华四年间，她出资和其他两位教授夫人合伙成立"三太公司"，开办"小桥食社"。生意十分兴隆，但由于她天性慷慨，不善理财，"小桥食社"并没有赢利，她对此一笑了之，还作了一副对联自嘲："生意茂盛，本钱干尽。"

她做的最惊世骇俗的事是开小诊所，推广节制生育，也就是推广女性避孕。她的理想是帮助穷苦女性控制生育，可谓计划生育的先驱，奈何意识太过超前，除少数知识分子支持外，并不受时人看好。后来在1926年学潮中，诊所成了进步学生的避难所，以至遭到政府"窝匪罪"的指控而关门。

移居美国后，她也并不甘心只做个教授夫人。除相夫教子外，她还出版了《一个女人的自传》《杂记赵家》《中国烹饪》《中国妇女历代变化史》等多部书籍。《中国烹饪》在美国一版再版，畅销不衰。

她在晚年写就《杂记赵家》一书，胡适看了，称赞她说："韵卿，你还真有一手呢。"

上述的事例只能简单描绘出杨步伟一生的轨迹，并不能尽窥她独特的风采。杨步伟这个御姐是很特别的，如果要评选民国最可爱的女性，我私心会投她一票。

首先她特别自信。用她自己的话来说，就是胆子特别大，什么都敢说，什么都敢做。

她随赵元任刚去美国时，几乎完全不会说英语。赵元任叮嘱她在旅馆等他，他前脚刚走，她后脚就出门溜达了，凭着手势和观察，吃了一大杯冰激凌，还买了一大包东西。

她在美国生活了多年，一直没有掌握好英文的语法。傅斯年见她和美国人说话，说得异常流利但错误百出，不禁感慨："赵太太真胆大！"杨步伟反问他："我哪样事不胆大？"

她闲不住，翻译山格夫人[①]的《女子应有的知识》，遇到很多不认识的英文。有一天翻译到"一个妇女一生大约有两千个卵子"时，她把"卵子"译成了"鸡蛋"。赵元任见后乐不可支，以后常常拿这事开她的玩笑——"一个女人有两千个鸡蛋"。

她写的《杂记赵家》，作为史料研究来看是挺有趣的，但很多句子完全不合文法，估计她那位研究语言学的老公见了又会边笑边大摇其头了。

她和赵元任到欧洲漫游时，正好碰到中国留学生们撺掇同人离婚的风潮。她比赵元任大三岁，有一天罗家伦开玩笑和他们说："有人看见赵元任和他母亲在街上走。"赵元任听了一笑了之，杨步伟毫不示弱地回答："你不要来挑拨。我的岁数，人人都知道的！"御姐就是御姐啊，自信心爆棚，要换了气场弱一点的人，估

---

① 山格夫人：又译为玛格丽特·桑格，美国妇女节育运动先驱。——编者注

计早就疑神疑鬼去了。

老实说从杨步伟的照片上看，她称不上是美女，她最初吸引赵元任的，估计就是这种御姐范儿。赵元任自称少年时较有女性气质，曾爱慕过同龄男生。但他后来见了杨步伟，马上就动了心，天天跑去森仁医院守着她。杨步伟回忆说："赵元任荡啊荡的就来了。"一开始杨步伟原本是想撮合他和李贯中的，赵元任不得不明确向她表白，她也并不避讳，大大方方地接受了，这才有了后来的旷世良缘。

杨步伟身上确实有巾帼不让须眉的气质。少年时，她的同学林贯虹病故后，她张罗着将林贯虹的遗体送回老家福建安葬，还背着父母，把自己的一对八两重的金镯子和四个戒指卖掉了，帮助林贯虹的亲属。家人气得直骂她"败家子"，这种行事做派，足见她的古道热肠。

更难得的是，她还有种临危不乱的大丈夫气度。抗战爆发时，赵元任正好病重，当时船票紧张，好不容易搞到两张船票，她毅然让患病的丈夫带着大女儿先走，自己带着三个小女儿殿后。

战火纷飞中，她带着女儿们撤退到后方，路上还不忘发挥她的侠义心肠，找了车载了一大帮人。她在车子前头领队，还开玩笑对伙伴王慎名说："古诗有老婢当头娘押尾，现在是老妇当头王押尾了。"王慎名回她说："赵太太，你真会急中求乐啊，还来背诗呢。"她说："人生何处不求欢。"

说得多好啊，人生何处不求欢，一句话尽显杨步伟的本色。

民国年间，多的是美女、才女，可像杨步伟这样爱玩贪玩、懂得苦中作乐而又幽默感十足的女人，实在是太稀有了。

她和赵元任，并不是传统意义上相敬如宾的模范夫妻，而是一对超级玩家。

这里介绍一下赵元任。赵元任是个通才，也是个大学问家，尤其精通语言学，会三十三种汉语方言和多门外语，人送外号"赵八哥"。王力等知名语言学家都是他的弟子，刘半农那首著名的《教我如何不想她》就是他谱的曲。

可在我看来，赵元任首先是一个玩家，一个天性爱玩的人，一个脱离了低级趣味的人，一个每天都生活得兴致勃勃的人。

胡适说他"生性滑稽"，连做学问也是如此。他自己也承认，是觉得好玩才研究语言学的。他曾经编了一个非常好玩的单音故事，以说明语音和文字的相对独立性。故事名为《施氏食狮史》，通篇只有"shi"一个音："石室诗士施氏，嗜狮，誓食十狮。适施氏时时适市视狮。十时，适十狮适市。是时，适施氏适市。氏视是十狮，恃矢势，使是十狮逝世。氏拾是十狮尸，适石室。石室湿，氏使侍拭石室。石室拭，氏始试食是十狮尸。食时，始识是十狮尸，实十石狮尸。试释是事。"

这简直是世界上最难的绕口令，你试试读读看，反正我是快被绕晕了。

他在音乐上很有天赋，常随手取身边的小东西做乐器。一次，赵家宴客，饭罢，他拿起一根筷子，敲击盘子和碗，分别敲出

do、re、mi、fa、sol的音来，可敲来敲去，就是差一个音敲不出，后来抬头看见玻璃灯罩，灵机一动，取下来敲了一下，正好补上了这个缺的音，大家全乐了。以后每逢家宴，他就给大家表演这一手。

赵元任碰到杨步伟，可真是两个玩家一相逢，便胜却人间无数。

看杨步伟的《杂记赵家》，通篇说得最多的，就是他们去哪里玩了，光是黄山就去了好几次，欧美大陆也漫游了四次。杨步伟八十岁的时候，夫妻俩还驾车去漫游欧洲呢。

杨步伟生性贪玩，赵元任去外面做方言考察时，总是带着她一起去。有次他们去黄山游玩，路过龙口温泉。杨步伟和赵元任换了泳衣，就要去泡温泉。抬轿子的村民一看急了，拦着她说，这是龙王爷的穴，女人不能进去的，一进去龙王爷生了气，以后就没水了。杨步伟风趣地说："别担心，我是龙王爷的亲家，他不会怪我的。"轿夫笑她说，你怎么不干脆说自己是龙王奶奶呢。她笑着说，那样怕龙王爷真生了气，把元任给抢走了。

赵元任会说三十三种方言，杨步伟会的也不少，于是他们婚后定了一个日程表，今天说北京话，明天说湖南话，后天说上海话。两人新婚后乘船去美国，在船上十分无聊，便决定下围棋解闷。因船上没有棋子，他们就向船员要了两袋早晨吃的炒米和炒麦子，视作黑白二色，当棋子用。你看，对天性爱玩的人来说，世界的任何一个角落都可以变成游乐的场所。

他们一共生了四个女儿。孩子的降生不仅没有压抑他们爱玩的天性，反而给这个家庭增添了更多的欢乐。赵元任为他的女儿们写了很多歌，并教她们唱。他和他的女儿们，一有机会就聚在一起，组成一个家庭合唱团，分声部地练习演唱他的音乐作品。

赵元任带孩子还曾闹了一个笑话。大女儿如兰小的时候，他在女儿的摇篮边弹钢琴，小如兰一开始跟着音乐在床上哼，忽然间不哼了，小脸憋得通红，原来是要大便。赵元任说先别动，等他弹完了再来弄。结果如兰拉得一身一床都是。杨步伟又好气又好笑，问为什么不早点叫她，赵元任解释说，一个孩子的音乐教育要早打好基础，不可以把整段的乐曲随便中断。

赵家的四个女儿，多数时候都是赵元任在带。后来有了外孙女，还是赵元任带得多。照某些讲究三从四德的卫道士来看，杨步伟并不是一个合格的妻子，单凭她不怎么带孩子这点，就能够把她开除出贤妻良母的行列了。

可谁能够说她不是一个好妻子呢？至少赵元任对她是很满意的，她满身洋溢的热情和充沛的活力，她的明快爽朗，她的果敢坚韧正好是他需要的。朋友们都知道她对于他的意义，友人李济曾将以求真的精神追求学问的赵元任比喻为《西游记》里的唐玄奘，并把杨步伟比作庇护赵元任的"观世音菩萨"。对此，在场的众人皆鼓掌赞同。

赵元任和他的好友胡适一样，都有怕老婆的名声。他不否认自己惧内，往往以幽默的语言回答："与其说怕，不如说爱；爱有多深，怕有多深。"有一次胡适问杨步伟，平时在家里谁说了算，她很谦虚地说："我在小家庭里有权，可是大事情还是让我丈夫决定。"但马上又补充了一句："不过大事情很少就是了。"

他们结婚的时候，两人曾经坚持不要仪式和证婚人。理由第一是他们两个人生来个性都是要争取绝对自由的，第二是恐怕离婚时给证婚人添麻烦。后来还是赵元任最好的朋友胡适当了证婚人。

1946年6月1日，是赵元任夫妇的银婚纪念日，他们的证婚人胡适寄来贺诗一首《贺银婚》，以志祝贺：

蜜蜜甜甜二十年，人人都说好姻缘。
新娘欠我香香礼，记得还时要利钱。

1971年6月1日是两人金婚纪念日，赵元任夫妇步胡适《贺银婚》之韵又各写《金婚诗》一首。

杨步伟是这样写的：

吵吵争争五十年，人人反说好姻缘。
元任欠我今生业，颠倒阴阳再团圆。

赵元任的和诗是：

阴阳颠倒又团圆，犹似当年蜜蜜甜。

男女平权新世纪，同偕造福为人间。

杨步伟一直以婚后没能投身事业为憾，所以诗里说"元任欠我今生业"。可我觉得，她个人的魅力并不逊于任何职业女性，回顾她九十二年的人生，她从未压抑过自己，更未看低过自己，一生都活得兴味盎然、大气舒展，给身边的家人和朋友送去源源不断的能量，这样的女性，才是真正的新女性楷模。

1981年，九十二岁的杨步伟因病去世。赵元任悲痛万分，在致友人的信中悲怆地写道："韵卿去世，现在暂居小女如兰剑桥处，一时精神很乱，不敢即时回柏克莱，也不能说回'家'了。"次年，他即追随她而去。

金婚的时候，他们已经约好下辈子还要做夫妻。在那首答和诗的后面，赵元任署名"妧妊"，表示自己来世要成为女性，和杨步伟"颠倒阴阳再团圆"。

但愿他们能得偿所愿！

潘素：素心人对素心花

好的爱情，能够唤起彼此最好的部分，把你变成更好的自己。潘素和张伯驹就是如此。

见过潘素年轻时的照片，她身着一袭黑色旗袍，长身玉立，冰光雪艳，像是从白先勇笔下走出的人物。时隔半个多世纪后，香港的董桥见了这张照片还是大为惊艳，直呼为"永远的潘慧素[①]"。在他的眼里，照片中人长长的黑旗袍和长长的耳坠子衬出温柔的民国风韵，几乎听得到她细声说着带点吴音的北京话。

其实就这张照片来看，潘素一张俏脸上并无半分笑意，与其说温柔，倒不如说是冷艳，犹如她身旁的那株寒梅，悄然盛放于冰天雪地之中，有暗香浮动。

---

① 潘慧素：潘素字慧素。——编者注

潘素的气质本就不同于一般的民国女子，张伯驹的老友说她"身上也存在着一大堆不可理解的'矛盾性'，也是位'大怪'之人"。她幼时家道中落，受过贫寒，日后却能散尽千金，并不以金钱为念。她身上有柔情似水的一面，也有杀伐决断的一面。

就像她擅长的琵琶，婉转时如间关莺语花底滑，铿锵时若铁骑突出刀枪鸣。琵琶从来都是一件有杀气的乐器，只是多数时候敛于玲珑温柔的外表之下而已。

潘素的琵琶是母亲找人教她的。她祖上虽是前清状元，至父亲时已经没落，母亲还是聘请名师教她音乐、绘画。潘素十三岁时，珍爱她的母亲去世了，父亲续娶了一个妻子。两年后，继母将她卖入青楼，理由居然是她弹得一手好琵琶。

在上海天香阁迎帜接客的时候，她叫潘妃。那时的上等妓女走的都是风雅路线，潘妃虽擅琵琶，也能画几笔画，可文化水平不高，当时在上海滩跑红走的是另类路线。她谈吐不俗，善于周旋，来往的大多是上海的白相流氓，也就是今天所说的黑社会。黑社会成员们喜欢文身，受此影响，潘妃的手臂上也刺有一朵花。

这样的女子，搁在万紫千红中，完全就是一朵野玫瑰。

张伯驹到上海"走花界"时，就一眼相中了这朵野玫瑰，提笔写了副对联送给她："潘步掌中轻，十步香尘生罗袜；妃弹塞上曲，千秋胡语入琵琶。"那时候的文人墨客好像都爱卖弄藏头的技巧，这副对联就把潘妃的名字嵌了进去，还一口气用了好几个典故，把潘妃比作绝代佳人王昭君。李碧华写《胭脂扣》时也如法炮制，让十二少送了副对联给如花，上书"如梦如幻月，若即若离花"。

这一招看来很有效，自古佳人爱才子，潘妃当时正在和一个叫臧卓的国民党中将谈婚论嫁，却又对张伯驹一见倾心。用老友孙曜东的话来说，是"英雄识英雄，怪人爱怪人"。臧卓一气之下，把她软禁在一品香酒店里。张伯驹急切下向孙曜东求助，在孙的帮助下，他们坐车来到一品香，买通了守在外面的卫兵，接出了潘妃。这个时候的潘妃，眼睛已经哭得像桃子一样了。

"救风尘"的这一年，张伯驹三十七岁，潘妃二十岁。从那以后，不管命运如何变幻，她都陪在他身边，不离不弃。

张伯驹在潘素的家乡迎娶了这位苏州美女，两人一同皈依在印光法师门下，法师为他们起了慧起、慧素的法号。从此，那个臂上刺着一朵花的潘妃已成历史，她改名潘素，洗尽铅华，将往日的万种风情，只说与他一人听。

张伯驹是民国时期著名的公子哥儿，和袁克文、溥侗、张学良并称为"民国四公子"。公子们大多滥情，"平生无所好，所好是美人"，只有张伯驹对潘素称得上一往情深。他遇到潘素时，家中已有三房妻妾，两人在一起后他再也没有过风流韵事了。后来，他的原配妻子去世，两个妾也都与他离异了，陪在他身边的，只剩下潘素一人。

从遇见潘素，为她写下一首《浣溪纱》后，张伯驹词中的写情之作几乎只为她而作。每逢佳节良辰，张伯驹总有词作赠与潘素。尤其是每年元宵潘素的生日，张伯驹总会特别动情，我们来看他笔下那些深情的词句：

明月一年好，始见此宵圆。人间不照离别，只是照欢颜。侍婢梅花万树，杯酒五湖千顷，天地敞华筵。主客我同汝，歌啸坐花间。

当时事，浮云去，尚依然。年少一双璧玉，人望若神仙。经惯桑田沧海，踏遍千山万水，壮采入毫端。白眼看人世，梁孟日随肩。

白首齐眉几上元。金吾不禁有情天。打灯无雪银街静，扑席多风玉斗寒。

惊浪里，骇波间。鸳鸯莲叶戏田田。年年长愿如今夜，明月随人一样圆。

白头犹觉似青春。共进交杯酒一巡。喜是团圆今夜月，年年偏照有情人。

这些词写于不同的年代，一以贯之的是张伯驹对潘素的一往情深。纳兰容若的悼亡词、姜夔的怀旧词已经广为人知，若能将张伯驹的元宵词收为一集，亦可在词史中别具一格。

张伯驹对潘素的意义，当然并不只是简单的"救风尘"，而是发掘了她的"慧根"。他发现了她的绘画天分，请来名师大力栽培她。潘素二十一岁正式拜师朱德甫习花鸟画，后又随汪孟舒、陶心如、祁景西、张孟嘉等习画，同时还跟夏仁虎学古文。在他的栽培下，昔日的野玫瑰蜕尽野性，成了一朵素心兰。

潘素画艺日益精进，之后选择专攻青绿山水画。想来青绿山水这类题材和她端凝的气质甚为相宜。她的山水画作曾作为礼品赠送给英国首相、日本天皇等外国领导人，她曾经和张大千三次合作，张大千这样评价潘素的画："神韵高古，直逼唐人，谓为杨升可也，非五代以后所能望其项背。"

张伯驹诗词书画无一不精，却对潘素的画艺甘拜下风。他曾经为潘素治了一方印章，上面刻着"绘事后素"四个字，自谦他的"绘事"在"素"之后。这四个字还成就了一段巧对的佳话：汤尔和喜欢吃粤人谭篆青的谭家菜，为了一饱口福，委任谭篆青为秘书，有人出了个对子的下联"谭篆青割烹要汤"，夏仁虎久闻论者爱说张伯驹绘画不如潘素，顷刻对出上联，"张丛碧[①]绘事后素"。

---

① 张丛碧：张伯驹字丛碧。——编者注

董桥认为，论画，潘素要强于张伯驹；论字，张伯驹则要强过潘素，潘素的画加上张伯驹的字是最佳。幸运的是，这对伉俪经常合作，潘素绘画，张伯驹题字，堪称天作之合，连董桥都为没有收集到这样的珠联璧合之作而遗憾。

张伯驹和潘素，不仅仅是志趣相投，更有着精神上的相契。

这对才子佳人的身上，实际上都有着侠肝义胆的一面。张伯驹一生不乏义举，在表兄袁克定落魄的时候，能够照顾表兄达十年之久。他倾家荡产收集珍贵文物，却能将其中绝大部分精品捐献给国家。

潘素也有侠女之名，成就此名的是1941年一桩轰动一时的绑架案。被绑架的人是张伯驹，绑匪狮子大开口索要三百万赎金，实际上是看中了张家收藏的珍贵字画。潘素执意不肯变卖藏品，而是通过四处借贷、变卖首饰等，凑齐二十根金条赎回了被绑架八个月之久的张伯驹。潘素的侠女风范可见一斑。

张伯驹为收藏字画，常一掷千金，甚至不惜变卖房产，家里人都骂他是败家子，唯有潘素百般支持。1946年，为了不使国宝隋朝展子虔的一幅青绿山水画《游春图》被贩至海外，张伯驹和潘素将名下的房产（曾是李莲英的旧居）卖给了辅仁大学，用售得的美元换成了二百二十两黄金，潘素又变卖了首饰，凑成二百四十两黄金将其买下收藏。

据知情人回忆，解放后，张伯驹看中了一张古画，回来向潘素要钱，这个时候张家的家境已非昔日，见潘素有些犹豫，张伯驹索性躺倒在地，任她怎么劝怎么拉也不起来。直到潘素答应拿出一件首饰换画，他才从地上翻身爬起，拍拍身上的尘土回屋睡觉去了。这样的行为天真得像个小孩，潘素却从来没有嫌弃过他身上的孩子气，而是以温柔的母性包容着他。

张伯驹收藏过许多国宝级的字画，其中有陆机的《平复帖》、展子虔的《游春图》、杜牧的《张好好诗》、范仲淹的《道服赞》、黄庭坚的《草书卷》、李白的《上阳台帖》等。对这些散尽千金换来的、拼了命保护的字画，他们却选择在1956年后陆续捐给了国家，上面提到的多件传世字画都成了故宫博物院的镇院之宝。张伯驹曾不止一次表示，他买这些字画，不是为了占有，而是怕它们流到外国。他曾在《丛碧书画录·序》中写道："予所收蓄，不必终予身为予有，但使永存吾土，世传有绪。"

当时任文化部部长的沈雁冰，曾专门签署"褒奖状"表彰张潘夫妇二人的爱国之举。这张象征着荣誉和肯定的奖状，被张伯驹夫妇挂在了屋子里不显眼的一处，落满了灰尘。

身为"民国四公子"之一的张伯驹，前半生享尽了荣华富贵，后半生却并不平顺。历经磨难后，曾经的翩翩公子变成了生活无着的落魄老头。北京后海一座普通四合院，是张伯驹最后的住所。他们以前住的四合院已经成了大杂院，两人只有一间不足十平方米的小屋存身。有一年多，他俩全靠亲戚朋友接济。

在这样的环境里，潘素仍然守在张伯驹的身边，给北京国画工厂画五分钱一张的书签，为了一家人的生计操心。据友人说，潘素对张伯驹百分之一百二的好，什么都依从他。

张伯驹对潘素，又何尝不好呢。黄永玉回忆说，有一次看见张伯驹独自在西餐厅用餐，吃完后，他将四片面包抹上黄油和果酱，用小手巾细心包裹好，带回去给家中的潘素。这个举动，总让我想起郭靖带零食给黄蓉吃的那一幕，却比那一幕更为动人。

对于处境的变化，张伯驹并不像其他人那样计较，王世襄说："在1969到1972年最困难的三年中，我曾几次去看望他。除了年龄增长，心情神态，和几十年前住在李莲英旧宅时并无差异。不怨天，不尤人，坦然自若，依然故我。"

潘素的侠女风范从未失掉。据《一代名士张伯驹》记载，"文革"初期，长春有人贴张伯驹夫妇的大字报，潘素的罪状中，"江南第一美人"竟然也算一条。潘素见了，针锋相对地贴出一张大字报——"江南第一美人是何罪名？"并在其中列出了他们夫妇捐献国宝等爱国之举，令批判他们的人哑口无言。

在那个年代，张伯驹和潘素早已不再锦衣玉食，匮乏的物质生活却并没有磨灭他们对诗情画意的追求。

有一年元宵节的夜晚，大病初愈的张伯驹对潘素提议："桑榆未晚，我们再搞一次合作，你看如何？"于是，潘素在操持家务之余，开始创作花卉。她先画了一幅《白梅》，张伯驹配以《小秦王》

词牌:"寒风相妒雪相侵。暗里有香无处寻。唯是月明知此意,玉壶一片照冰心。"

潘素有一幅《素心兰》,张伯驹为她配了一首词:"予怀渺渺或清芬。独抱幽香世不闻。作佩勿忘当路戒,素心花对素心人。"

红尘浊世中,他们就是一对永远保持着单纯之心的素心人啊。

在历经劫难之后,岁月已经侵蚀了潘素的美貌。晚年的潘素头发短短的,董桥不无惋惜地说她"一脸的刚毅深深藏着……几番风霜"。

几番风霜并未改变张伯驹对她的深情。1974年,年近八旬的张伯驹到西安女儿家小住,与老妻暂别,写下深情款款的《鹊桥仙》送给潘素:"不求蛛巧,长安鸠拙,何羡神仙同度。百年夫妇百年恩,纵沧海,石填难数。白头共咏,黛眉重画,柳暗花明有路。两情一命永相怜,从未解,秦朝楚暮。"

那个时候,她嫁给他已经近四十年了,他对她的爱意仍一如初见。

张爱玲：浪子终究不会为才女停留

在"亲爱的"还没有引进中国之前，姑娘们是如何称呼心上人的？

生于吴地的子夜，称她的情郎为"欢"。这实在是世上最动人的爱称，试想一个楚楚动人的江南女子，操着一口吴侬软语，一声声在情郎耳边轻唤"欢"，怎不令人神为之荡，魂为之销？

我怀疑《子夜歌》都是在子夜失恋后作的，所以纵然在情浓似火的时候，也隐隐可以嗅到一丝担忧和恐慌："今夕已欢别，合会在何时？明灯照空局，悠然未有期。"那个初次相见时就对她称赞有加的"欢"，在热恋期过后移情别恋了，子夜只有凄凉地感叹："欢行白日心，朝东暮还西。"

靡不有初，鲜克有终。始乱终弃的桥段从来都不新鲜，千百年后，子夜的爱情悲剧在一个吴地女子身上又重演了。她们的故事何其相似。初相见时，他和那个"欢"一样，大为惊艳，只是他惊的是才，"欢"惊的是貌。

她和他，确实有过一段静好的岁月。那时候，他天天来看她，两人坐在房里说话，她只顾孜孜地看他，不胜欢喜。很多年以后，他还改用《子夜歌》中的诗句，用"桐花万里路，连朝语不息"来形容那份相悦。他兴许一开始也对她存有几分真心，但是那又如何呢，他终究是个朝东暮西的无行浪子，最后的结局，还是落了个"郎为傍人取，负侬非一事"。

男人啊，你最初让女人心动的是那份风流，可最后让女人心死的也是那份风流。

这只是个俗套的故事，但因为胡兰成和张爱玲的身份，便变得引人注目，并没有像子夜的故事那样湮没无闻。巧的是，胡兰成对《子夜歌》极为喜爱，在文章中一再提及，有时我想，谁才是他心目中那个楚楚可怜的子夜呢？可能是护士小周，可能是寡妇范秀美，她们都称得上温柔和顺。而独立清醒的张爱玲呢？她要的是平等的相知。

看胡兰成的经历，总为张爱玲感到不值。胡兰成很明显对生命中的每个女子都不偏不倚，一似段正淳般个个爱惜。最令人为张爱玲不值的是，胡兰成逃亡到日本前心心念念的人是小周，而不是她。纵然她比小周有才一万倍又如何？她的才华能够为她赢取全世界的仰慕，却挽不回一个男人变了的心。

说张爱玲写的是言情小说，估计张迷们会愤愤不平，事实上她从小爱看的就是鸳鸯蝴蝶派小说，自己也曾说："二十二岁了，写爱情故事，但是从来没恋爱过，给人知道不好。"她的小说兼具文学性和言情性，在严肃文学阵营中，她的小说无疑是最富言情性的；而在言情小说阵营，她的小说又是最具文学气质的。如果说《金锁记》为她奠定了文学史上的地位，那么《倾城之恋》《十八春》等则为她赢得了最广大的粉丝。如果只有前者没有后者，说不定张爱玲身后就会如同大多数民国女作家一样寂寞了。

胡兰成曾把他和张爱玲的那段上海往事形容得天花乱坠，当时上海恰逢战乱，这样的故事也称得上是"倾城之恋"了，所以在胡兰成看来，这完全是一段才子佳人式的神话。即便后来分了手，佳人还寄来三十万慰藉落难中的才子，结局不可谓不传奇。

张爱玲的《小团圆》在写到这段经历时则显得琐碎又写实，那是很多年以后，客居纽约的张爱玲回忆她生命中的人和事，其中和胡兰成的那段是最沉痛也是最美妙的时光，隔着那么多年的岁月往回看，再美妙的往事也像隔了一层烟雾，烟雾下面的痛却是分明的，提醒我们当初她被胡兰成所负后，经历过怎样剜心割肺的疼痛——她恨他恨得甚至动过杀心。

《小团圆》里讲的故事，可以说是一袭华美的锦袍上爬满的虱子。到底是张爱玲，从来都敢于直面惨淡人生，胡兰成要制造佳话，她偏偏就要破坏佳话，胡兰成口中的他们宛如一对神仙眷属，她却撕掉了这对眷属脸上温情脉脉的面纱，写尽了他的无赖和她的计较；胡兰成说"爱玲从不忌妒"，恨不得把她捧上神龛，一读《小团圆》才知道，在爱情里她和别的小女子完全没有什么不同，所谓不忌妒，只不过是刻意隐忍等他回头而已；胡兰成亡命江湖之后，张爱玲确实给他寄过钱，但《小团圆》告诉我们真相，原来那个钱是胡兰成以前给张爱玲的，而且仅仅是他给她的巨款中的一部分，她考虑了好久才决定还给他。张爱玲的一支笔，不虚美，不隐恶，她连自己都不放过，倒让我对胡兰成的印象改观不少。

毕竟，他还算得上是个有担当的男人吧，为了她甘心离婚，为了她乐意花钱，最重要的是，他是她的知音。在张爱玲生命中的三个男人里，真正称得上她的灵魂伴侣，真正懂她的人怕也只有一个胡兰成了。那么多写张爱玲的文章里，加起来也许还比不上胡兰成的一句"爱玲是民国世界的临水照花人"。因为这份懂得，张爱玲在遇见胡兰成后，生命和才华陡然绽放起来，她最重要的作品几乎都写于那两年。离开胡兰成后，她的才华也随着爱情一起萎谢了。也许正是胡兰成，让张爱玲的一生不那么寂寞。要知道，很多人终其一生都是寂寞的。

张爱玲应该感谢的一个人是桑弧，即《小团圆》中的燕山。那时张爱玲被胡兰成伤得奄奄一息，遇到了这个英俊温和的男人，除了英俊温和，他对她来说没有别的好处，但那也够了，足够让她暂时摆脱胡兰成的魔力，足够让她蜷进壳内默默舔流血的伤口。

在每一场伤筋动骨的恋爱之后，人们往往需要一个春风化雨的人带来慰藉。桑弧，就是张爱玲的那场及时雨。只是不知道如果胡兰成得知张爱玲在来信和他决裂之前，就已经和桑弧在一起了，还会不会那样扬扬自得？

胡兰成品行最坏的地方不是他的风流，而是他以风流自许。他对自己的所作所为毫无忏悔之意，反而处处在为自己开脱，他那副扬扬自得、沾沾自喜的模样，真令人鸡皮疙瘩掉一地。难怪张爱玲说，后来只要看见他所谓"亦是好的"这种笔调，就憎厌得想要叫起来，何止是她，连旁观的读者都忍不住憎厌得想要叫起来。

胡兰成见一个爱一个的品性和《天龙八部》中的段正淳倒是有得一拼，但是段正淳品格比他高，至少人家从不为自己辩护。而且段正淳是真正地怜惜女人、爱护女人，王夫人那样伤他，他仍然在她死前温言抚慰她。胡兰成呢，早练就了金刚不坏之身，心里只有自己，女人只不过是成就他佳话梦的道具，道具们不管是死是活，对他来说都"亦是好的"。

有些张迷对张爱玲为何喜欢胡兰成这样的浪子很不解，其实对张爱玲、对世上绝大多数女人来说，浪子的确有着不可抵挡的魅力啊。不信你去看看她的作品，《沉香屑·第一炉香》中的乔琪乔也好，《倾城之恋》中的范柳原也好，可都是浪子。等到胡兰成出现了，俨然是她笔下的人物再世，甚至比范柳原们更知情识趣，更富有才情，这样一等一的浪子，如何不叫人动心？

碰到浪子的女人总是自以为与众不同,认为天下的女人都爱他,而他独独爱我一个。张爱玲原本也是这么以为的,直到有一天蓦然发现,原来她也只是芸芸众生中的一个,胡兰成待她,和待小周、范秀美并没有什么不同,甚至连使用的招数、说的情话都相似。浪子就是这么爱偷懒。

胡兰成最心爱的女人似乎是小周,小周在他眼里什么都好,连"衣服洗得干净"都成了无上优点。他流落香港后,还不忘给小周写信,惦记着要接她出来,却并没有花力气去试图和张爱玲破镜重圆。或许小周长得挺标致的,就是这样一个十六七岁的女孩子,凭着几分姿色就在情场上将张爱玲打得落花流水。

胡兰成将她和小周、范秀美相比,说她不如秀美体贴,不如小周懂事,可怜一代才女,竟沦落到和这类女子相提并论。他只不过是倚仗着她爱他!只因为她爱他,他就可以这样肆无忌惮,当着她的面津津乐道小周们的好处,全不拿她的痛苦当回事。一个女人,只要倾心爱着一个男人,就会心甘情愿地低到尘埃里去。

胡兰成是吃定了张爱玲,分开了很多年以后,他还写信去撩拨她。张爱玲自然是唯恐避之不及,谁受过那样的伤害都会唯恐避之不及吧,她曾经是他脚底的泥,为了爱尊严扫地。

爱情就是这样奇妙,即使低到尘埃里去,也能开出洁白的花来。他们是有过快乐时光的,在小周出现之前,在浪子对她厌倦之前,他们厮守在张爱玲的小屋中,相看两不厌,连朝语不息。

那时候,张爱玲甚至希望战争能够一直持续下去,好让这段快乐时光能够久一点,再久一点。

人生如蚌,蚌病得珠。失恋的痛苦犹如泥沙入蚌,在经历最初的阵痛后,部分泥沙会由岁月打磨成一颗珍珠。

在"欢"离开之后,子夜回想往事,谱就了荡气回肠的《子夜四时歌》:

春林花多媚,春鸟意多哀。
春风复多情,吹我罗裳开。
——《春歌》之一

朝登凉台上,夕宿兰池里。
乘月采芙蓉,夜夜得莲子。
——《夏歌》之一

仰头看桐树,桐花特可怜。
愿天无霜雪,梧子解千年。
——《秋歌》之一

渊冰厚三尺,素雪覆千里。
我心如松柏,君情复何似?
——《冬歌》之一

当走过爱情的四季，我们才能听懂子夜歌声中的悲欣交集。

在忍痛离开胡兰成很多年以后，暮年的张爱玲提起笔来，写出了一部《小团圆》。这是那场爱恋给她留下的珍珠，淡淡的笔墨下却埋藏着很深的痛。从温州回来后她写信给他："我已经不喜欢你了。你是早已不喜欢我了的。这次的决心，我是经过一年半的长时间考虑的。彼时惟以小吉故，不欲增加你的困难。你不要来寻我，即或写信来，我亦是不看的了。"现在读来仍是一字一泪。

无论如何，他给过她快乐，让她在多年以后在书中回忆起他来，仍然口不出恶声。在《小团圆》的结尾，她写到九莉做了一个梦，梦见青山上红棕色的小木屋，映着碧蓝的天，阳光下满地树影摇晃着，邵之雍拉着她的手臂进屋，旁边还有很多小孩，都是他和她的。

醒来之后，九莉快乐了很久很久。我猜想，写书的人在写到这里时，也快乐了很久很久，虽然只是个梦。

黄逸梵：原谅我这一生不羁放纵爱自由

知道黄逸梵，自然是因为张爱玲。

母亲和姑姑，几乎是她笔下出镜最多的两位女性了。和清冷机智的姑姑相比，张爱玲笔下的母亲是浮华而美丽的：

她酷爱剪裁，每次与小姑上街买了布料，回来总要对镜打量一番，父亲张志沂看不出这有何乐趣，见了，便会没好气地说："又做，又做，一个人又不是衣裳架子！"

肺弱的她学唱歌，听起来更像吟诗，比钢琴低半个音阶，抱歉地笑，娇媚地解释。

她爱看"鸳鸯蝴蝶派"小说，坐在抽水马桶上看老舍的《二马》，看得笑出声来。

榜样的力量是无穷的，小小的张爱玲看着她时尚的母亲，许下了一个个宏大的心愿："八岁我要梳爱司头，十岁我要穿高跟鞋，十六岁我可以吃粽子汤团，吃一切难于消化的东西。"

在张爱玲的童年世界里，母亲是一个偶像式的人物。三岁的她绕在母亲身边，踮着脚，努力想把一个一个小盒子打开。她看见母亲耳坠上两颗闪闪的小钻，头发梳成美丽的S形，突然趴到母亲身上，把头深深埋进她的怀里，只觉得母亲实在太美丽了。

事实的确也是如此。一帧黄逸梵在法国海船上的照片中，迎着海上晨曦，她一袭法式时装，手扶船舷，留下一个优雅精巧的侧影，又洋派又风情。

如此洋派的女子，身后其实拖着一个旧时代的黑色尾巴。她出身于一个官宦世家，原名叫黄素琼，还有个双胞胎弟弟，弟弟进了新式学校念书，她却只能留在家里上私塾，还缠了一双小脚。

她的母亲是父亲从湖南买来的一个小妾，刚生下她和弟弟就去世了。湖南人的血脉和基因还是留在了她的骨子里，长大后的黄素琼是典型的湖南人，具有湘女勇敢、决绝的特质。

她的人生，原本循着一条旧式闺秀的路往前走，念私塾，裹小脚，嫁世家子弟。二十岁那年，她带着不菲的嫁妆嫁给了张志沂，他是李鸿章的外孙，和她算得上门当户对。

那时，张家底子还在，但已显出没落的迹象，如同张爱玲在《金锁记》中描绘的那样，家中的一切都散发着陈旧而颓废的气息：沾满灰尘的雕花木窗，款式陈旧的绸缎长袍，几代留传下来的漆木家具，还有水印木刻的信笺素纸，线装版的四书五经。那是一个逝去时代的遗风余韵。

丈夫张志沂受过新式教育，古文功底很好，中英文都不错，可骨子里还是个彻头彻尾的遗少。他是爱妻子的，但这份爱并不妨碍他抽鸦片、逛妓院，因为对他来说，那只是固有的生活方式而已，他没办法改变保留了多年的积习。

做妻子的一心向往美丽新世界，怎么可能容忍丈夫如此沉溺于旧时代的泥坑之中。于是，在女儿还只有四岁时，她就和小姑子张茂渊结伴去了英国。就在去英国的轮船上，她为自己改了一个名字叫黄逸梵——在她不太长的一生里，她为自己取了一百多个名字，每一个都代表着全新的自我，最终被大家记住的还是逸梵这个名字，和她浪漫洋化的气质相当吻合。

几乎没有经历磨合的痛苦，她很快就适应了黄逸梵这个新身份和英国这个新国度。在英国那段日子她过得恣意而快乐，她和小姑子张茂渊一起租房，一起弹琴跳舞，一起穿着洋装参加朋友的聚会。她本来就是美艳窈窕的女子，加上交际舞跳得好，很快就成了圈里的主角。

姑嫂联袂到瑞士阿尔卑斯山滑雪，小脚嫂子比大脚小姑子滑得还要好。就是在雪山之下，她悟出了自己的人生目标应该是旅行。

她像风筝越飞越远，国内的丈夫却时不时拽一下她脚上的线，一直催她回来，给她写信，信里有这样的诗：

才听津门金甲鸣，又闻塞上鼓鼙声。
书生自愧拥书城，两字平安报与卿。

敌不过这样蕴藉的旧式柔情，黄逸梵回来了，带着在英国学的十八般新式武艺。

她给这个家庭带来了一股清新的风，八岁的张爱玲感到母亲带回来了一个无比新奇的理想洞天，又明亮，又轻盈，又柔和——花园洋房、狗、花、童话书、新派华美的亲戚朋友。她劝丈夫去戒毒，找新的房子，她教张爱玲画画、弹钢琴、学英文，鼓励女儿为一朵花的枯萎落泪。她要将女儿打造成西式淑女。

这是张爱玲回忆中最甜美温馨的家庭时光，可惜的是，这只不过是这段婚姻最后的回光返照。张志沂很快故态重萌，恢复了抽鸦片、逛妓院的恶习，而且连家用都不拿出来，希望能把妻子的钱耗光，这样她就能老老实实地待在家里了。

有时我觉得，张志沂之所以一味沉沦，和黄逸梵的冷漠有点关系。对这个遗少式的丈夫，她总是心有嫌弃的，女儿张爱玲曾经在《小团圆》中写过他们相处的场景：

妻子嫌弃乃德（张志沂原型）找的房子不好，开口便说："这房子怎么能住？"乃德对妻子并不气恼，像是有点宠溺，笑着解释。

吃午饭的时候，乃德"绕着皮面包铜边方桌兜圈子"，等待妻子下楼。妻子总是"难得开口"，乃德渐渐地也自知无趣，终于第一个吃完了就走。

他不是没有讨好过她，但换来的只是无趣，后来的沉沦似乎带着自暴自弃的赌气。

他越赌气，黄逸梵就越看不起他。在她的眼里，丈夫成了无趣的代名词，她曾经和小姑子说起丈夫偷看她信件的事，诧异于一个人得多无聊才会想去打探他人的隐私。

她决绝地提出了离婚，办手续时，张志沂绕室三匝，试图再做挽留。律师看见这情景，心中不忍，问她是否改变心意，她平静地说："我的心意已经像一块木头！"

其实这段婚姻的破裂，很有可能和黄逸梵出游欧洲时的一段恋爱有关。"如果和西人谈过恋爱，就不会再想和中国人谈。"这句话被今日许多文艺女青年引为时尚，正宗的原创却是她。

选择恋爱对象也是选择一种生活方式，黄逸梵一心要离婚，不仅仅是厌弃了张志沂，更是要与他所代表的那个旧时代决裂。

从那以后，她开始了从未停息的旅行，踏着一双三寸金莲轻倩地横跨了两个时代。她一次次地离家，在欧洲的美术学校学画，去马来西亚的华侨学校教书。春季还单衣薄裙地在西湖边赏梅，秋季便置身法国看雪。

她是胡适的牌搭子，做过尼赫鲁的秘书，和徐悲鸿一起学过画，还是蒋碧薇的闺密。她还试图从事时尚行业，在马来西亚买了一洋铁箱碧绿的蛇皮，预备做皮包、皮鞋。上海成为孤岛后她去了新加坡，丢下这堆蛇皮，张茂渊带着张爱玲把蛇皮拿到屋顶阳台上去晒以防霉烂，深以为苦却不敢懈怠。

这么美丽的女子，当然也有恋爱。张爱玲的《小团圆》里，蕊秋的原型就是黄逸梵，她的情感生活，一直都被描摹得神秘莫测。除了似乎对留学初期那位"简炜"付出过深情，后面的恋爱，好像都没有深入的发展。倒是楚娣说了句，"蕊秋不知道打过多少胎"，说得有点骇人。

1941年，珍珠港之夏，她偕上海几位牌友结伴到香港小住，在港大读书的女儿张爱玲也到浅水湾饭店来看她，这时她的身边还有一位男友。后来新加坡沦陷，男友死于炮火。从那以后，她的身边尽管不乏男人，她却再没动过白头偕老的念头。

离婚让她活出了崭新的自我，也让她失去了儿女们的爱。离婚后，张志沂很快再娶，并将对前妻的怨气撒在了一双儿女身上。后母对他们也不好，弟弟张子静常常挨耳光，张爱玲呢，总是穿后母穿过的旧衣裳，穿不完地穿。一次她和后母发生冲突，被父亲关了足足大半年，好不容易逃出来，赶紧去投奔了母亲。

可想而知，少女张爱玲希望在母亲这里得到安慰和柔情，但是她很快失望了。黄逸梵希望将她培养成典型的西式淑女，会弹琴，会应酬，会打扮，可是张爱玲在少女时期却是一个古怪的女孩，孤僻、不入世。她始终没有成长为母亲心目中"清丽的少女"，黄逸梵自然是恨铁不成钢，张爱玲又何尝没有几分怅惘。多年以后，胡兰成拿小周的照片给张爱玲看，她的第一反应居然是"比她母亲心目中的少女胖些"。

张爱玲是敏感缺爱的，她需要的是一个可以无条件爱她的母亲。可是黄逸梵的世界太丰富了，有男友，有朋友，有爱好，这些占去了她心房的很大一部分，她也爱女儿，但并不是传统意义上的那种全心全意、一心扑在儿女身上的爱。

对于这样的母爱，张爱玲非常不满足。她的人生哲学，有点像电影《东邪西毒》中的欧阳锋：如果你不想被一个人拒绝，那么最好的方式就是先拒绝别人。既然得不到理想中的母爱，她索性一丁点都不要，这段母女关系中，一开始是她小心翼翼地讨好着母亲，后来就变成她主动和母亲划清界限了。

她总觉得，母亲对她像是一个过分计较的投资人，心疼在她身上花了不少钱，又没有达到预期的效果。所以她后来和胡兰成相恋后，胡兰成给了她一大笔钱，她马上想到把这笔钱给母亲——她像哪吒割肉还母一样，用这种方式来撇清和母亲之间的关系。内心中还是少女式的赌气：既然你不爱我，我就不要你的钱。

实际上张爱玲受母亲的影响极大，她继承了母亲对时尚的热爱和"衣物癖"，她在上海时期的照片中总是奇装异服，要么穿着深紫或碧绿底上撒花的大镶大绲的宽襟土布袄，要么干脆翻出奶奶辈压箱底的凤凰锦被面，设计成一套别出心裁的民族服装。

她连精神气质都和母亲相近：从本质上来说，母女俩都拥有决绝的性格和自由的灵魂。张爱玲总是怨母亲太自私了，但到了最后，她变成了和母亲一样自私的人，甚至变本加厉。太过爱自己的人总是自私的，因为她们不愿意为了他人牺牲，哪怕是自己的至亲。

以寻常观念看来，黄逸梵的晚景甚是凄凉，在卖完了一箱又一箱的古董后，她一度到工厂去缝制皮包。她毕生都在追逐自我，为此放弃了常人向往的家庭幸福。其实人生最重要的就是求仁得仁，她一生不羁放纵爱自由，最终也得到了自由，她顺应了自己的天性，成了独特的"这一个"。

为了追求自我而离婚的女人是否就是一个坏母亲呢？其实未必，黄逸梵当然不是一个完美的母亲，有些人天生缺少母性，她就是如此。但她始终坚持尽一个母亲应尽的责任，她送女儿去念书，到了哪里都不忘给女儿写信，张爱玲去纽约见胡适博士，凭的也是她母亲这层老关系。她待女儿并不薄，如果张爱玲不那么苛求和计较的话，也许她们能成为一对关系不错的新式母女——相亲相爱，但是并不紧紧地捆绑在一起。

1957年，漂泊一生的黄逸梵在伦敦重病，她写信给女儿说："我现在唯一的愿望就是见你一面。"

远在美国的张爱玲没有去见她，只是给她寄去了一百美元，打算老死不相往来。几个月后，黄逸梵的遗产寄到了张爱玲在美国的住处，满满当当一箱子古董，据说一件小古董就能卖八百六十美元。

很多年以后，张爱玲也老了，她在独自居住的小公寓里，喃喃地自言自语："我在与我的妈妈说话呢。来日，我一定会去找她赔罪的，请她为我留一条门缝！……我现在唯一想说话的人，就是妈妈!"

　　走到人生的尽头,她终于明白,妈妈是爱她的。人类啊,总是在重复相同的错误,永远都在斤斤计较父母对自己的爱不够深,却浑然忘了,那已经是世界上最爱我们的人。

　　可惜,黄逸梵永远听不到女儿迟到的忏悔了。

张茂渊：亦舒女郎的鼻祖

我对张茂渊的印象，定格在张爱玲笔下的《对照记》和《姑姑语录》中：

她有一块派不上用场的披霞，放到哪里搭配都不太完美。她无奈，叹了口气，说："看着这块披霞，使人觉得生命没有意义。"

她评价一个年老的爱唠叨的朋友："和她在一起，又使人觉得生命太长了。"

有次洗头的水有点黑，她自嘲说："好像头发会掉色似的。"

她不喜欢周作人，但又受到周作人"冲淡之风"的影响，有时会突然冒出一句："我简直一天到晚要发出冲淡之气来！"

冬天的夜晚特别冷，她急急钻入冰冷的被窝，随口说出："视睡如归。"张爱玲觉得写下来可以成为一首新奇的小诗："冬之夜，视睡如归。"

张爱玲笔下似乎少有可爱的女性，姑姑张茂渊是个例外。大概是因为张爱玲的秉性和《半生缘》中的曼桢一样，一样东西属于她的，就会越看越好。张茂渊曾和她同住十年，晚年也不乏书信往来，算是她亲人中最亲近的了，所以她笔下的姑姑，有一种女子难得的清醒和机智。

一本民国女子小传中如此描绘张茂渊的故事：她二十五岁遇见李开弟，独自等待五十年，七十八岁才成为新娘，半个世纪的等待，只为那曾经的一场爱。

如此狗血，简直比言情小说还要感天动地。我心里咯噔一声，暗想张爱玲笔下那个机敏清醒的姑姑，怎么突然一下就成了琼瑶故事的女主角呢？其实张茂渊本人一点都不琼瑶，如果非要以言情小说中的女主角相比拟，倒不如说她和亦舒书中的女子有所相似。

后来我才知道，亦舒本来就是张爱玲的粉丝，张爱玲潜移默化地影响着亦舒，而张茂渊又潜移默化地影响着张爱玲。亦舒为我们写出了一个个让我们赞叹又惊艳的职场女性形象，新派、独立、知性，而且个个机智过人、妙语连珠，在蒋南孙、麦承欢们身上，不难看到张茂渊的影子。从一脉相承的角度来说，张茂渊堪称亦舒女郎的鼻祖。

亦舒小说中的女主角，不少有着家道中落的背景，以便在此过程中，炼就一双看透世态炎凉的冷眼，如《风满楼》中的眉豆。张茂渊也是如此。她出身于一个贵族家庭，父亲是清流中的代表人物张佩纶，母亲是李鸿章的女儿李菊藕，她早期过的是金枝玉叶的日子，但家族已有没落的迹象，后来她回忆说，母亲俭省得连草纸、肥皂都要省。

鲁迅有句名言："有谁从小康人家而坠入困顿的么，我以为在这途路中，大概可以看见世人的真面目。"亲历了家庭由盛而衰的张茂渊，想必也有类似的心路历程，对她打击最大的是，因为争家产，两位兄长都和她闹翻了。

李菊藕去世后，她和哥哥张志沂联合起来和异母兄长张志潜打官司，不料后来张志潜贿赂了张志沂，后者临时倒戈，这对张茂渊的伤害很大，她一气之下和张志沂闹翻，对这个同胞哥哥太失望了。

亦舒小说中的女主角，大多是纵横职场的白领，独立、坚强，凭借自身能力已足以过上优裕的生活，这方面的代表人物自然是《流金岁月》中的蒋南孙。要说中国最早一代的白领，张茂渊确实是其中的领军人物。

亦舒笔下的女子动不动就去英国留学，连姜喜宝都是剑桥高才生，很牛是不是？其实早在一个世纪以前，张茂渊就和嫂嫂结伴去英国留学了。凭借着留学背景，镀金归来的她在职场上如鱼得水。她在银行任过职，在广播电台当过播音员，在大光明戏院当过"译意风"小姐（相当于现在的同声传译），都是当时最时尚的行业、顶时髦的职业，拿着超丰厚的薪水。

就拿播音员来说吧，当时的上海刚刚有广播电台，张茂渊堪称"中国第一代女主播",自然风光无限。难得的是,对这些所谓的体面工作,她看得很透,并不认为自己的工作有多大价值。她曾经对张爱玲感慨说:"我每天说半个钟头没意思的话,可以拿好几万的薪水;我一天到晚说着有意思的话,却拿不到一个钱。"这样的感慨,听起来既清醒又骄矜,要知道,鲁迅在教育部任职时,薪水才三百多一个月。就算过去了十几年,物价飞涨,几万月薪也是个惊人的数目。

经济独立只是包裹在亦舒女郎外表的一层皮,精神独立才是她们的内核。亦舒小说中的女主角,总是那么清醒、自爱、懂得进退,渴望情爱却并不执着于情爱,任是无情也动人。

张爱玲所写的张茂渊,正给人这种印象。对于爱情,她好像没有过罗曼蒂克式的幻想。她父母的恋爱经历曾被晚清文人写进《孽海花》中,讲述成一个"佳人爱才子"的故事,还专门描写了"联句成姻"的桥段。可是当张爱玲向她求证时,她冷冷地揭破:"我想奶奶是不愿意的。"

曾有富商子弟对她展开热烈追求,她一点不为所动,还清醒地对张爱玲说:"这些男人只是看重你外在的东西,他们只是活动的精虫,最后还是会离你而去。"

她和亲人之间,有些已经绝交,有来往的似乎也保持着一定的距离。张爱玲的弟弟张子静来投奔她,她连饭也不留他吃。一次张爱玲撞到阳台的玻璃上,划破了腿,哪知姑姑看了看觉得没什么大碍,转而关心起阳台的玻璃来,张爱玲只好赶紧买了块玻璃赔给她。

在张爱玲的描述下，张茂渊的形象是清醒、孤高的，可由于太过清醒，看起来未免无情。

真实的张茂渊确实如此无情吗？我看未必。因为作者对一个人的描述总会掺杂自身情感，张爱玲对身边的亲人，确实有过分苛求的一面。

张爱玲曾在文章中写，姑姑和她住在一起，钱都要算得清清楚楚，给读者造成了"她好爱钱"的感觉，事实上，张茂渊对钱并没有张爱玲父女那种焦虑感，她曾经劝侄女："为钱痛苦成这样？还了他好了！"正因为并不过分看重钱，她拮据时沦落到一天吃三顿葱油饼，也安之若素。人们对亦舒女主角也有类似的误会，却忘了连最爱钱的姜喜宝，也是将"希望得到很多爱"排在"很多钱"之前的。

看她对所爱之人的态度，更能够看出她在淡漠外表下的深情。从张爱玲晚年的小说《小团圆》中来推测，张茂渊除了李开弟，至少还爱过三个人。

第一个是蕊秋，也就是她的嫂嫂黄逸梵。书中的楚娣（原型即张茂渊）说："那时候我十五岁，是真像爱上了她一样。"蕊秋说她一天到晚跑来坐着不走，她哥哥恨死了，"姑嫂形影不离隔离他们夫妇"。张茂渊对黄逸梵，确实有一种超越姑嫂的情谊，甚至在嫂嫂有外遇时，曾打算不顾名誉，以未婚之身答应和嫂子的情人结婚，以掩饰嫂子的"奸情"，幸好后来那男子悔约了。

第二位是她在英国留学时遇上的一位老师，家中已有妻室，她为了资助他，卖了随身所带的一些古董。

第三个是绪哥哥，现实生活中是她的一位表侄。这位表侄的父亲摊上了一桩经济官司，她不惜变卖部分家产帮他打官司，还私底下卖了嫂子寄放在她那儿的古董去炒股票，结果亏得一塌糊涂，最后又卖了母亲留给她的三个弄堂来还债。而那位绪哥哥，正如她嫂嫂所言，只不过是看中了她的钱在利用她。

从上面三段关系可以看出，张茂渊是有几分痴气的，在看透了情爱的虚无之后，却仍然能够为了情爱去倾其所有地付出。当真正爱上一个人时，她不在乎自己做那个爱得更多的人；不幸被辜负时，她也能淡然处之，并不呼天抢地。她虽然痴情却并不痴缠，在感情完全空窗期间，还兴致勃勃地给张爱玲写信，引罗素的话"悲观者称半杯水为半空，乐观者称为半满"，表示"我现在就也在享受我半满的生活"。

真不愧是亦舒女郎的鼻祖啊，能嫁个有情人，自然是好的，如果没有，一个人也能过得有滋有味。

张茂渊和李开弟的故事，最能体现出她这种淡然随缘的心态。

这两个人何时相爱已无从考证，据说他们是在开往英国的船上认识的，李开弟还为张茂渊用英文朗诵了拜伦的诗。当时张茂渊二十五岁，李开弟长她一岁，两人正是荷尔蒙充沛的年龄，何况在海上长途漂流本来就是一件很无聊的事，不排除他们互相有好感，但非要说一见钟情就未必了。

此次相识奠定了两人五十年友谊的基础，之所以说是友谊而不是爱情，是因为我实在找不到在此期间他们有任何暧昧的举动。自从船上一别，两人都是该干吗干吗，张茂渊继续和嫂子去求学，李开弟不久后就迎娶了未婚妻。

张茂渊一直和李开弟保持着联系，在张爱玲去香港读书时，还委托李开弟做侄女的经纪人。看得出两人私交不错，她甚至和他的妻子夏毓智成了闺密。五十年间，她一直没有结婚，只是因为没有找到合适的人，用五十年去等待一份爱情，她才不想去扮演那样的悲情女主角。

在夏毓智患重病住院时，她和李开弟轮流陪护，体贴入微。临终时，夏毓智拉着她的手，留下遗言说："我早知道你和李开弟是情投意合的一对……当初我一点也不知情，你把你的恋情暗藏在内心深处，我竟然一点没有察觉出来。……我过世后，希望你能够和李开弟结为夫妇，以了结我一生的宿愿……"

张茂渊没有辜负夏毓智对她的嘱托，在"文革"中，对被打为右派的李开弟，亲友们避之唯恐不及，张茂渊那时差不多已经家财散尽，仍拿出积蓄接济他。每次去看望他，张茂渊总是捋起衣袖，卷起裤管，用她曾弹过钢琴的手，接过李开弟手中的水桶、扫帚，帮他做些笨重的粗活。

这期间，张茂渊在给李开弟的信中说："不是我不愿再等，我怕时间不再等我。"李开弟也回信:"虽然我曾经走远,但心却没有离开过。"

熬到云开月明后,李开弟在征求子女同意后,迎娶了张茂渊。那一年,她七十八岁,在白发苍苍之际头一次做了新娘。远在美国的张爱玲得知姑姑结婚的消息后喜极而泣,对别人说:"姑姑一定会结婚的,哪怕八十岁也会结婚。"

这样的结合,与其说是守望了半个世纪的痴恋终成正果,不如说是两人劫后余生的相依相伴。对于感情,张茂渊真正做到了不黏不着,长期单身也好,高龄嫁人也好,对她来说,都是顺从当时的情境所做出的自然而然的选择。

嫁给李开弟后,两人共同携手度过了十二年的岁月。张茂渊晚年患了乳腺癌,李开弟为了她遍访名医,端茶倒水,并隐瞒了病情,独自承受着焦虑,让她以八十多岁的高龄,在患癌之后又活了七年,连医生都惊讶地称这是"爱情的力量"。她九十岁生日时,他精心为她准备了小型生日晚会,她在吃完生日蛋糕的一周后,在他的陪伴下安然去世。如果她真的等过他的话,也算是等来了迟到的静好岁月。

都说张茂渊和张爱玲相似,其实她比起侄女来,还是多了一点温度。张爱玲去美国后,姑侄俩本来相约别后"人生自守,枯荣勿念",最后还是她主动和侄女联系,在张爱玲六十岁生日时,一向情感不外露的她专程用航空邮件写信祝贺:时间过得真快,我心目中你还是一个小孩。

那时,张爱玲正只身一人在美国的小旅馆内与虫患搏斗。姑姑的来信,一定给她苍凉的晚境带来了些许暖意吧。张爱玲一生感情多舛,和父母之间的关系也特别疏离,姑姑倒成了她最亲近的亲人。写到姑姑时,她有些负气地说,"也是因为我自动地粘附上来,拿我无可奈何的缘故"。大概是因为对亲近的人,总会有些求全责备。

值得一提的是,亦舒作为张爱玲的粉丝,她笔下的女主角常常也会有一个高贵神秘的"姑姑",依稀可以看到张茂渊的影子。如《直至海枯石烂》中,女主角就有一个姑姑叫庄杏友,创下了独立服装品牌"杏子坞",深受名媛欢迎,情路却一直坎坷。她还写过一本小说,名字就叫《姑姑的男朋友》。不知道亦舒在描绘这些"姑姑"的倩影时,是否参照了张爱玲笔下那个清冷机智的姑姑形象?

苏青：繁华过后，一身憔悴

蔡澜曾经感慨："今后的数千年，有人提到查先生（金庸）生平，也许顺道记录了有这么几个朋友，这已是我们一生的成就了。"

天才就是有这个魅力，好比天上的一轮明月，能够让身边的朋友自比为月亮周围的星星。

现在的人提到张爱玲的生平时，也会顺道记住她周边的几个人：会说俏皮话的姑姑张茂渊，为她作插画的炎樱，以及她唯一甘心相提并论的朋友苏青。

苏青这个名字，对当代读者来说可能已经较为陌生了。

可在苏青的全盛时代，张爱玲和她并不是"月亮和星星"，而是上海文坛上最耀眼的双子星。当时人们称她们为"苏张"，可见苏青的影响力并不在张爱玲之下。

很多人知道苏青，是通过张爱玲的一句话。张爱玲曾在文章中写道："如果必需把女作者特别分作一栏来评论的话，那么，把我同冰心、白薇她们来比较，我实在不能引以为荣，只有和苏青相提并论我是甘心情愿的。"

胡兰成也曾说，苏青为人作文，是世俗的，百无禁忌的。

苏青这个人，最初给我留下深刻印象的就是她的百无禁忌。

她有一张利嘴，评价起人来毫不留情。比如她说冰心："从前看冰心的诗和文章，觉得很美丽，后来看到她的照片，原来非常难看，又想到她在作品中常卖弄她的女性美，就没有兴趣再读她的文章了。"

还有同时代的女作家潘柳黛，生得稍微丰满了点，苏青就当着朋友的面笑她："你眉既不黛，腰又不柳，为何叫柳黛呢？"

这样的俏语谑娇音，听众自然百般称奇，但被笑谑的对象听在耳朵里，只怕不那么中听。她爱挑剔别人的相貌，可能是对自己的相貌相当有信心，胡兰成说她长得"鼻子是鼻子，嘴是嘴；无可批评的鹅蛋脸，俊眼修眉，有一种男孩的俊俏"。张爱玲也赞她眉眼"紧凑明倩"。网上有她的照片，的确挺俊俏的。

苏青写文章，也常常有惊人之语。这不是她故作惊人，而是她太实诚了，有什么写什么，一点也不遮掩。

她在《谈女人》一文中断言："我敢说世界上没有一个女人不想永久学娼妇型的……"

在《说话》里又说："四五十年光防守着一个妻子或丈夫是多么的枯燥乏味啊！"

在《我的女友们》里，她感叹说："女子是不够朋友的。无论两个女人好到怎样程度，要是其中有一个结婚的话，'友谊'就进了坟墓……"

她觉得女性的理想生活应该是："婚姻取消，同居自由，生出孩子来则归母亲抚养，而由国家津贴费用。"

她有一篇谈婚姻的文章，里面写道："婚姻原是完成性关系之美满的，若一味只作限制及束缚用，以为它便是爱情的金箍圈，自然要发生种种流弊了。"

我敢说，这样的想法不少女人心里都暗暗萌生过，可只有苏青敢说出来，而且说得这样直白。她对自己的欲望毫不掩饰，甚至将"饮食男女，人之大欲存焉"的古训，改成了"饮食男，女人之大欲存焉"。如此妙语，也算是醒世恒言了。

这里只撷取了苏青文中的只言片语，但她爽利明快的文风可见一斑。和张爱玲一样，苏青笔下，总不离"男女"二字，和冰心、白薇的确不是一个路数。张爱玲成名之初，还未谈过恋爱，写两性关系通透入微全凭自己的冷眼观察。苏青不同，她的《结婚十年》写的就是自身经历，那个时候，她已经离了婚，对爱情的甜蜜和婚姻的不堪都有过切身体会，下笔又平实又真切，一段段话都是从心窝子里掏出来的，现在读起来也会引人共鸣。

苏青在成为上海滩著名女作家之前，人生轨迹和当时大多数女子基本一致。1914年，她出生在浙江宁波一个富裕的家庭，本名张和仪。父亲曾经在美国哥伦比亚大学留过学，虽受洋风熏染，骨子里还是大少爷的做派，在苏青的回忆里，父亲虽然不曾纳妾，但在外面玩、嫖、同居之类，层出不穷，母亲气灰了心，索性不去管他，继续在家做贤妻良母。

苏青从小就是在新式学校读书的，念书时就很出风头，在校刊上发表过文章，被同学们称为"天才的文艺女神"。她的理想原本是做外交官，毕业时考上了国立中央大学的外文系，整个温州六县，只有她一个人考上了。可她只念了一年大学，就退学结婚了。

上学时，苏青和同学一起出演《孔雀东南飞》，身为富家公子的同学李钦后也在其中扮演一个小角色。李钦后的父亲正好来看演出，一眼相中了苏青，没过多久就向苏青母亲提亲。李钦后长相英俊，恋爱时表现也不错，苏青那时对他也有好感，两人还没结婚，她就有了身孕，就是因为这件事才无奈退学的。

新婚的甜蜜随着苏青的再三产女而一去不复返，她一连生了三个女儿，可恶的婆婆教唆她说，当初自己也是连生了几个女儿，直到把最小的女儿捂死了，才生了个儿子。苏青闻言深恶痛绝，婆媳关系降到冰点后，她随丈夫去了上海。

上海的日子也不好过，李钦后频频出轨，更让她苦恼的是，他们因为没钱，总是为经济上的问题吵闹。一次，苏青向李钦后要钱买米，她争执了几句，李钦后居然扬手打了她一巴掌，还说："你也是知识分子，可以自己去赚钱啊！"

就是这一巴掌，打出了一个女作家。所谓不平则鸣，苏青积蓄了一肚子的委屈，以自身经历写了篇《产女》（后改名为《生男与育女》），寄给了当时很有名的杂志《论语》。在文中，她吐槽说:"一女二女尚可勉强,三女四女就够惹厌,倘若数是在'四'以上,则为母者苦矣!"这篇真挚的文章打动了编辑,登上了《论语》。苏青一发而不可收拾,从此走上了卖文为生的道路。

由此可见,女人要婚姻自主,非得经济独立不可,如果苏青像她母亲一样只能依靠男人为生,那出走之后,还得灰溜溜地回来。

结婚十年之后,苏青终于离婚了。这场婚姻虽以失败告终,留给她的副产品却不少。除四个孩子外,还有《结婚十年》这本书,这是她从不幸的婚姻中孕育出的一颗珍珠。

离婚后的苏青,完全可以看成20世纪40年代失婚妇女的典范。长期压抑在胸中的浊气终于吐尽,她一飞冲天,迅速成为上海文坛炙手可热的女作家,和张爱玲并称为"孤岛时期荒芜文坛上并列的奇葩"。

在她的全盛时代,她的《结婚十年》成为当年的几大畅销书之一,在1948年之前,一共再版了三十六次。

她创办《天地》杂志,作者队伍中名流荟萃,周作人、陈公博、周佛海父子、胡兰成、谭正璧、秦瘦鸥、朱朴、张爱玲、纪果庵、柳雨生等,都在其列。

她和张爱玲一起接受记者访问,推出《苏青张爱玲对谈记》,编者称她们是当时"上海文坛最负盛誉的女作家",风头一时无两。

很多人评价苏青说,她爱热闹,总是不甘寂寞,喜欢结交朋友、组织聚会。她的文章也是如此，写什么都写得热热闹闹，下笔如话家常，一点都不做作。育儿、搬家、烫发、找奶妈、吵架、送礼、打牌、出轨这些事她都细细写来，衣食住行，家长里短，难免琐碎，却又胜在有种让人感觉亲切的烟火气息。难怪当时的女性读者那么喜欢她，把她当情感专家，纷纷给她写信求指点迷津。

苏青从受人嫌弃的小媳妇，摇身一变成了都市独立女性的代言人。她曾感叹说："我家连一枚钉子，都是我用自己的劳力换来的，可又有什么意思呢！"这不免令人想起亦舒笔下的现代都市女性，她们常常也做这样的感叹，听似感伤，实际上透着股隐隐的骄傲。

就连一贯孤傲的张爱玲，也和她做起了朋友。民国文坛多的是"送你一坛老陈醋"这种类型的双姝争艳，像张爱玲和苏青这么惺惺相惜的倒是少见，两人经常互相捧场。苏青说过："女作家的作品我从来不大看，只看张爱玲的文章。"又夸张爱玲是"仙才"。张爱玲也投桃报李，写下了《我看苏青》一文，当时谁也想不到，苏青的名字居然赖此文得以传世。

张爱玲欣赏苏青世俗、物质的一面，在文中说"苏青就象征了物质生活"，她更喜欢苏青热闹明朗的性格，说她是个红泥小火炉，"有它自己独立的火，看得见红焰焰的光，听得见哔栗剥落的爆炸"。

说起来，张爱玲和苏青虽然性格迥异，但也不乏相通之处。她们都言语尖酸、直言不讳；都热爱物质生活，都坦承自己爱钱，甚至有点锱铢必较；她们的写作都和政治无关，却被无端卷入了政治中，她们自己也都和汉奸纠缠到了一起。

和苏青纠缠在一起的那个人，是陈公博。

苏青的前半生，可以说成败毁誉，都系于陈公博一身。

陈公博于她有知遇之恩，她在《古今》上发表《论离婚》一文，引起当时在汪伪政府中担任上海市长的陈公博的注意。当时苏青正是潦倒之际，时刻为生计发愁，陈公博安排她做自己的专员，她欣然前往，却没意识到自己此后就被刻上了"为汉奸政府做事"的红字，再也抹不掉了。

苏青那时已与李钦后分居，苦于没钱租房子，借住在朋友家里。陈公博得知后，暗中托人匿名给她送了十万块钱，让她用来租房子买家具。这简直就是天下掉下个贵人来，陈公博对苏青的好感，更多的可能还是出于爱惜她的才华。

苏青不安于依靠男人生活，她是想干一番事业的。她着手创办杂志，取名为《天地》。陈公博很支持她，给了她五万块钱，作为办杂志的基金。有了如此强大的后盾，加上苏青极强的社会活动能力，《天地》一炮而红，创刊号甚至脱销。

对于这位恩人，苏青是很感激的，所以曾在《古今》上撰文吹捧陈公博，文中特别赞扬了陈公博的鼻子，引起了时人诟病。据说，鼻子在国人的观念中，不仅仅是所谓"隆准"，还是男性性能力的隐形象征。以此类推，夸一个男人鼻子长得好，基本上就等于夸奖他的性能力了。

关于这一段故事，相关记载大多含糊不清，仅仅止于苏青曾为陈公博做事这一点。其实这两人的关系似乎只是止于暧昧，还没闹到离婚、再婚那一步。陈公博当时有老婆，估计是拿苏青当个红颜知己；苏青呢，对陈公博有一定感情，所以在他死后还表现得挺伤感，但要说感情有多深却也未必。

苏青在男女关系方面，其实挺风流放诞的。她和张爱玲一样，很早就看透了男人是靠不住的，不过，张爱玲是"一朝被蛇咬，十年怕井绳"，苏青则索性放弃了对忠贞和天长地久的期待，专注于享受男女情事带来的迷醉与甜蜜。

她后来写的《续结婚十年》中，对这段生活多有描写。用的当然都是化名，如果对那段历史有一定了解的人，可以看出各类名流一一披着马甲出场，和女主人公的关系都非同一般。这其中，当然有陈公博（化名金总理）。我也是看张爱玲写的《小团圆》，才知道胡兰成居然和苏青也有过一段，想想苏青也真是大度，后来还是她主动把胡兰成引荐给张爱玲的。

基于自身经历，苏青在文章中也喜欢谈情说性，她谈起性来十分坦荡，比方她认为婚姻虽然无趣，对于女人也有个好处，就是睡在同一张床上，总会生出些事来。这可以看出她对性的态度，在她的笔下，女人对于性的态度不再是抗拒，反而有了几分迎合和渴望。张爱玲也写性，但九莉她们对性事的感觉大多只是疼痛和尴尬。

张爱玲说，苏青是"乱世里的盛世的人"。在她人生最好的年华里，整个中国都处于烽火之中，孤岛上海仍然歌舞升平，成就了她的一段传奇。

当硝烟散尽，一个新的时代冉冉升起，再也容不下属于旧日的传奇。

如同一颗划过天空的流星，苏青迅速地陨落了，和她上升的速度一样快。她没有离开上海，一来是为了孩子，二来是她缺少张爱玲那样的洞察力。

以此为分界线，作家苏青其实已经被抛弃在时代的轨迹之外，留下的是一个叫冯和仪的普通妇人。她是如此的不合时宜，写惯了饮食男女、家长里短的一支笔，没办法去写其他题材。她是描述生活的作家，当生活都已枯竭，她再也无法写出任何作品。

比嘲笑更可怕的是遗忘。时代彻底遗忘了她，越来越少的人记得，她曾经是旧上海风靡一时的女作家。

苏青暮年穷愁潦倒，和已离婚的小女儿李崇美及小外孙三代人挤在一间十平方米的房子里。在致老友的最后一封信中，她写道："成天卧床，什么也吃不下，改请中医，出诊上门每次收费一元，不能报销，我病很苦，只求早死，死了什么人也不通知。"

不甘寂寞的她，终于还是寂寞了，她想要一个千年不散的筵席，可围绕在她身边的那些人，早早都散尽了。她曾经想用自身的热力去焐暖这个世界，到最后，却连自己也焐不暖。红泥小火炉中红焰焰的火已经燃尽，剩下的只是灰烬。

1982年12月7日，疾病缠身的苏青在病榻上吐血而亡。病危时，她很想再看看她的《结婚十年》，家人多方搜寻不得，最后只好出高价复印一本给她。

时光倒回到20世纪40年代的一个冬天，苏青在大雪中坐着一辆黄包车，载了一车的《结婚十年》到各书店兜售，半路上书掉了出来，龙凤帖式的封面纷纷滚在雪地里，那样好看。

所谓繁华，对漫长的人生来说，原来只是一梦而已。

蒋碧薇：没有了爱，有很多很多钱也是好的

知乎上常常看见各种奇葩的吐槽，比如说，有个姑娘跟着老公吃了很多苦，摆过地摊，住过地下室，打过N次胎，等日子好起来了，老公却一秒钟变渣男，勾搭上了年轻"小妖精"，一心想要离婚的他甩给她两百万做分手费。

姑娘心灰意冷地问：大家说要不要这个分手费？

在电脑前看帖子的我差点一口血吐在键盘上：干吗不要？有句话我没好意思说出口：如果你实在是视金钱如粪土的话，你完全可以把这粪土拿出来做公益啊，比如说，捐给我……

我以为所有人都像我一样立场鲜明，谁知道帖子下的回复简直让我大开眼界。

有人说：人都没有了，还要钱做什么？这还算比较正常的。更奇葩的是，有人建议说：打死都不能要，让渣男贱女羞愧去吧！

看不下去了，我还是去哪儿找个角落吐吐血吧。

婚姻本来就是一种契约，买个房子违反合同还要付点违约金呢，主动破坏婚姻契约的人，怎么也得付出点代价吧？

还在为"离婚了到底要不要分手费"纠结的姑娘们，真应该去看看民国时期的蒋碧薇女士是怎么干的。

民国期间闹分手的不少，可是闹得对簿公堂的，估计也只有蒋碧薇和徐悲鸿这对怨偶了。1944年，这对积怨已久的情侣打起了官司，结果蒋碧薇大获全胜，不仅获得了一双儿女的抚养权，还从徐悲鸿那儿获得了一百万元赔偿金、四十张古画，以及一百幅他亲手作的画。

那一百幅画，她还要一张张细细地挑，觉得不满意的，就退回去让徐悲鸿重画。据徐悲鸿后来的妻子廖静文吐槽，徐就是为了赶这一百幅画，废寝忘食，以至于累垮了身体，和她厮守了仅仅八年就撒手人寰了。这么说未免太夸张了，徐悲鸿那么拼命赶画，还不是奔着早点和她这个小娇妻双宿双栖去的，都归罪于蒋碧薇，有点不客观了。

亦舒笔下的喜宝说："我一直希望得到很多爱。如果没有爱，很多钱也是好的。"就凭这话，估计蒋女士会视喜宝为隔代知己，晚年的她没有了男人的爱，可是凭着这笔庞大的分手费，日子好歹过得也不赖。要是时光可以倒流，红颜老去的蒋碧薇遇到了正在打官司的小蒋碧薇，她肯定会拍着小蒋的肩膀说：好样的，谢谢你为我挣了一个还算安稳的晚年。

蒋碧薇何许人也？估计现在很多年轻人都不太熟悉了。

在大众眼里，她是画家徐悲鸿的前任伴侣，也是国民党高官张道藩的情人。在我眼里，她是个喜宝一样强悍的女子，一辈子都活在骄傲里，以非凡的生命力活成了一个传奇。

当十八岁的蒋碧薇遇到徐悲鸿，她人生传奇的上半部就上演了。

蒋、徐之间，以私奔开始，以决裂收尾，够得上一部爱情大剧了。

生于1899年的她，原名叫蒋棠珍，出身于名门大户，是典型的大家闺秀。从她年轻时的照片看来，她的长相不是那种特别漂亮的，可胜在气质雍容华贵，一米七的身高，即便放在如今，也是鹤立鸡群。

所以徐悲鸿一见到小蒋同学，就忘了家里父母为他娶的那个"黄脸婆"；小蒋呢，原本也是定过亲的，可哪里抵挡得了画家的火热攻势。两人私定终身后，徐悲鸿为意中人取了一个新名字——"碧薇"，还刻了一对水晶戒指，一只刻着"悲鸿"，一只刻着"碧薇"，并且整天把碧薇那只戒指戴在手上。情到浓时，两人在朋友的撺掇下，偷偷私奔到了日本，蒋家无奈，只得把石头装进棺材里，还找来人哭灵，假装女儿去世了，这才退了亲。

东渡日本时，他们身上仅仅带着两千块钱，当时的徐悲鸿，连一幅画都很难出手，所以蒋碧薇跟着他过了很长一段穷苦的日子，后来两人辗转到了巴黎，状况稍微好了些，但也是相当困窘。

最困难的时候,她甚至想过去做女工贴补生活。尽管如此,她还是甘之如饴,毕竟有爱人相伴啊。

他们的确有过不少非常好的时候。在巴黎时,蒋碧薇逛商场喜欢上了一件风衣,可是太过昂贵,徐悲鸿知道后,辛苦作画,在一幅画卖出一千元后,马上去商场买了那件风衣,蒋碧薇穿上后激动得哭了。在上海时,蒋碧薇得了猩红热,徐悲鸿走遍了大上海,在数九寒天里,给她买来了冰激凌。

同居后,徐悲鸿第一次与蒋碧薇分别,独赴南洋,日夜思念,以至于在宴席上痛哭失声,还在诗中写道:"不解憎还爱,忘形七载来。知卿方入夜,对影低徘徊。"这是他思念蒋碧薇时所作的《梦中忆内》。

蒋碧薇待徐悲鸿,又何尝不体贴呢。那时男人流行戴怀表,徐悲鸿舍不得买,她就积攒下伙食费,给他买了一块怀表。那块怀表,徐悲鸿一直揣在兜里,即使他们后来形同陌路也一直未丢弃。他去世之后,蒋碧薇得知他临终时还揣着那块怀表时,任自己再怎么恨他,也不禁潸然泪下。

可惜的是,他们和很多夫妻一样,熬过了"共苦"的考验,却没办法一起"同甘"。

回上海后,徐悲鸿声名鹊起,生活也变得优渥。吃了太多苦头的蒋碧薇觉得,是享受生活的时候了,她喜欢办沙龙、开party,可画家却一心扑在艺术上,两人嫌隙渐生。这个时候,一个女子闯进了徐悲鸿的世界,她是徐的学生,原名孙韵君。画家对她动了心后，故技重演，给她取了个新名字叫"多慈"，还打了两个红豆戒指，一个刻着"慈"，一个刻着"悲"。不知道那个刻着"碧薇"的戒指，是否已经被他丢到了大街上呢？

为了保护两人的关系，蒋碧薇瞬间化身为胭脂虎。徐悲鸿画了一幅他和孙多慈一起赏月的《台山夜月》，她不客气地搬走了；孙多慈送了一百棵枫树苗给徐悲鸿，她一把火就烧掉了；她还跑去找孙多慈的父母、领导以及孙多慈本人闹。

家有"悍妻"，徐悲鸿退缩了，只是退缩过后不久就有了反弹，孙家父母反对女儿和他交往，他就在报纸上登了一则启事说，自己与蒋碧薇"久已脱离同居关系"。

估计蒋碧薇看到这则启事后脸都气绿了，后悔自己没有听白居易的忠告——他老人家早就写过一首《井底引银瓶》告诫怀春少女们，"聘则为妻奔是妾"。这就是私奔的代价。

蒋碧薇是什么人哪，刚烈似火，暴躁如雷，爱一个人时是绕指柔，决定不爱后马上变成了百炼钢。这次她不闹了，也不争取了，而是一头扎进了张道藩的怀抱。

后来孙多慈被父母逼着另嫁他人了，徐悲鸿有心与蒋碧薇复合，蒋碧薇决绝地说："假如你和孙韵君决裂，这个家的门随时向你敞开。但倘若是因为人家抛弃你，结婚了，或死了，你回到我这里，对不起，我绝不接收。"写到这里，我真想给蒋女士点一百个赞，就冲这份骄傲。

那之后，他们就不再住在一起了，但真正的决裂还要到多年以后，徐悲鸿在1944年重新觅得一红颜知己廖静文，又一次登报，说自己和蒋碧薇已经"断绝同居关系"。

蒋碧薇这次不想再和徐悲鸿玩这种文字游戏了，同居也好，结婚也罢，总之，她为这段关系吃过太多苦，流过太多泪，她要为自己讨一个公道了。于是，这就有了文章开头的分手大战。

他对她终究是心怀歉疚的，除答应她所有条件外，还送了一幅她最喜欢的《琴课》给她，画中的少女微侧着头在拉小提琴，眼神柔和，光彩照人，正是巴黎时期的蒋碧薇。

至此，徐悲鸿的那一页已经正式翻过，我们一起进入蒋碧薇人生传奇的下半部。

下半部的男主角是张道藩。

张道藩没有徐悲鸿那么有名，但也是个响当当的人物，他是国民党骨干人物，深受陈立夫赏识，赴台后出任当局要职。

张道藩是在巴黎时遇见蒋碧薇的，那时他还是个无名小画家，一见蒋立即奉为女神，多年后他在写给蒋的信中深情回忆："那一天你曾给我留下极深刻的印象……你穿的是一件鲜艳而别致的洋装。上衣是大红色底，灰黄的花，长裙是灰黄色底，大红的花。你站在那张红地毯上，亭亭玉立，风姿绰约，显得多么雍容华贵。"他连蒋碧薇衣服上的图案和花纹都记得这么清楚，可见当时确实是被惊艳到了。

一见倾心之后，张道藩马上展开了攻势。如果说徐悲鸿是用定情信物戒指俘虏了少女蒋碧薇的心，他则是用情书攻势打开了少妇蒋碧薇的心门。张道藩一次次地表白，开始都被蒋碧薇拒绝了，无奈之下，他娶了法国女子苏珊①为妻。那时，蒋碧薇还一心想着和徐悲鸿白头到老呢。直到后来徐悲鸿恋上了孙多慈，她才慢慢接受了张道藩。

蒋碧薇做了张道藩的情妇几十年，两个人的情书写了两千多封，他们不仅在分离时写，连同居一楼时也爱写信交流。

他在写给她的信中说："我的雪（指蒋碧薇）本来是人家的一件至宝，我虽然心里秘密地崇拜她，爱着她，然而十多年来，我从不敢有任何企求，一直到人家侮辱了她，虐待了她，几乎要抛弃了她的时候，我才向她坦承了十多年来深爱她的秘密，幸而两心相印……"

她则感叹说："念人生得一知己，可以无憾，抑天之遇吾，又何尝云薄哉。"

蒋、徐之间，到底孰是孰非，究竟是谁的出轨导致了他们关系的终结，只怕除了当事人，没有谁能说得清楚。但有一个时间节点可以肯定，那就是蒋碧薇是在看到徐悲鸿为了追求孙多慈，发布和她"脱离同居关系"的声明后，才决定和张道藩同居的。

张道藩曾提出四条出路，供蒋碧薇选择：

一、离婚结婚（双方各自离婚或分手后，再公开结合）；

---

① 苏珊：又作素珊。——编者注

二、逃避求生（放弃一切，双双逃向远方）；

三、忍痛重圆（忍痛割爱，做精神上的恋人）；

四、保存自由（蒋碧薇与徐悲鸿分手，做张道藩的情妇）。

按理来说，第一条出路还是不错的，但蒋碧薇选择了第四条出路，也许是她不忍心让张道藩太过为难，也许是她对名分并不那么在乎，她要的，只是一个男人全心全意的爱恋。

张道藩待她还是不错的。不过张道藩原本允诺在她六十岁时娶她，但到了她六十岁生日那天，张请了很多客人为她祝寿，却不提结婚的事。散席后她质问张，几十年的诺言，今天该兑现了吧？张却不表态，她大怒，和张大吵了一架，两人从此分手。

还有种说法是，苏珊一直不肯离婚，可能是出于政治上的原因，张道藩心存顾忌，没办法做出不爱官场爱美人的豪举。

不管原因是什么，他们就此分道扬镳。当年张道藩为之如痴如狂的美人，如今也老了，但仍然是那么骄傲。分手后，蒋碧薇拒绝张道藩的资助，陆续卖了一些徐悲鸿的画作维持生计，那幅《琴课》她倒是一直都没舍得卖，至死都摆在她的卧室里。依靠那笔分手费，她晚年虽然寂寞，总还不算潦倒。

这样的收梢，对有过传奇爱情的故事女主角来说，并不算太差。

张道藩去世后，蒋碧薇毅然打开自己的心门，写下了洋洋五十万言的回忆录，上篇取名为《我与悲鸿》，下篇叫《我与道藩》。再不凡的传奇也有落幕的一天，幸好她还有手中的一支笔，可以召唤出那些埋在心底的往事。

对徐悲鸿,她始终是有恨意的,所以她写道:"我从十八岁跟他浪迹天涯海角,二十多年的时间里,不但不曾得到他一点照顾,反而受到无穷的痛苦和厄难……"她坚持称他"徐先生",再生疏不过的称呼。

对张道藩,她却并无苛责,反而处处流露出对情人的感激和留恋,那时张已逝去多年,她仍然深情地写道:"我将独自一个留在这幢屋子里……而把你的影子铭刻在心中。"

徐悲鸿的侄女徐咏雪曾评价说:"蒋碧薇那么骄横,你说她也蛮可怜的。她这一辈子,实际上从来也没结过婚。她跟徐悲鸿,两个人是私奔的……蒋碧薇跟张道藩,也是同居关系。同居这么多年,还是个情妇,没一个名分。"

一个人从来没有正式结过婚就是可怜吗?至少,骄傲了一辈子的蒋碧薇自己并不这么认为。在《我与道藩》中,她说:"你和我用不尽的血泪,无穷的痛苦,罔顾一切,甘冒不韪,来使愿望达成,这证实了真诚的人性、尊贵的爱情是具有无比的力量的。"

当你同情他人没有获得世俗的幸福时,也许人家也在同情你从来没有真正地活过、爱过。所以,人啊,最好还是不要轻易地去可怜别人。

杨绛：和谁争我都不屑

"我和谁都不争，和谁争我都不屑；我爱大自然，其次就是艺术；我双手烤着生命之火取暖；火萎了，我也准备走了。"

这首由杨绛翻译的英国诗人瓦特·兰德的诗，也可以看作她一生的写照。

看老年杨绛的照片，她脸上自然而然地散发着一种淡定从容的气质。很多人过了中年就一脸戾气，那是因为心中有太多不忿。杨绛经历了那么多风霜，却始终能化戾气为祥和，岁月把她塑造成了静好的样子。

杨绛给人印象最深刻的，就是这种与世无争的淡泊。在这熙熙攘攘的世间，多数人都想着出人头地，可杨绛不这样，她读书写作、翻译治学，只是因为兴之所趋，并没有一丝争名逐利之心。

她在散文《隐身衣》中说，她和钱锺书最想要的仙家法宝莫过于隐身衣，可以"摆脱羁束，到处阅历"。她说，其实卑微是人在凡间最好的隐身衣，一个人不想攀高就不怕下跌，也不用倾轧排挤，可以保其天真，成其自然，潜心一志完成自己能做的事。

她一生所求不多，只希望能在动荡中，拥有一张安静的书桌。正是她的随遇而安，使她在那样艰难的处境下，她完成了八卷本《堂吉诃德》的翻译工作，这个版本后来被称为最好的译本。

和许多著作等身的女作家相比，她写的作品并不多，晚年编撰文集，更是把不满意的作品全都删去。她说她并不是专业作家，只是一个业余作者，生平所作都是"随遇而作"，从散文、翻译到剧本、小说，每次都是"试着写写"，这一试，却试出了不少精品。

温润是杨绛性格的底色，但如果误以为她是个"面人儿"，那就大错特错了。除淡泊安宁外，她性格中也有金刚怒目的一面。

就在前些年，一家拍卖公司要把钱锺书的书信拿出来拍卖，她立即给远在香港的收藏人李国强打去电话，表示："我当初给你书稿，只是留作纪念；通信往来是私人之间的事，你为什么要把它们公开？……这件事情非常不妥，你为什么要这样做？请给我一个答复。"杨绛生平绝少这样疾言厉色，那次是真的出离愤怒了，还好在她的反对下，拍卖最终取消了。

绝大多数时候，她待人都是很温和的，但她始终坚守着自己的风骨。风雨飘摇的年代，很多人劝他们夫妇离开中国，他们一口拒绝了，原因是"我们是倔强的中国老百姓，不愿做外国人"。

有人说她一辈子这也忍，那也忍，她撰文称，含忍无非是为了保持内心的自由，内心的平静。

雨过天晴后，她提笔写了《干校六记》，文中无一句呼天抢地的控诉，无一句阴郁深重的怨恨，就这么淡淡地写尽了那个年代的动荡与浮沉。胡乔木评价说："怨而不怒，哀而不伤，缠绵悱恻，句句真话。"她写道："常言彩云易散，乌云也何尝能永远占领天空。乌云蔽天的岁月是不堪回首的，可是停留在我记忆里不易磨灭的，倒是那一道含蕴着光和热的金边。"

杨绛其人其文，给我的印象，就是那一道含蕴着光和热的金边，哪怕漫天乌云，只要抬头看见有这么一道金边，就能给人无限慰藉，让人看到活着的尊严和希望。

说杨绛，绕不过钱锺书。

理想的婚姻应该是什么样子？在我有限的见识中，我觉得就应该是钱锺书和杨绛那样，志趣相投，心性相契，平淡相守，共度一生。

在民国时期的诸多伉俪中，也有不少神仙眷属，像我喜欢的杨步伟和赵元任就是其中一例。但要论性情相契，几乎找不到比钱锺书和杨绛还要投缘的，他们在出身、爱好、志趣、性格等各方面都十分接近。非要说两人的区别，可能钱锺书更有锋芒，而杨绛更蕴藉。文如其人，他们的女儿钱瑗评价说："妈妈的散文像清茶，一道道加水，还是芳香沁人。爸爸的散文像咖啡加洋酒，浓烈、刺激，喝完就完了。"

杨绛在东吴大学读书的时候，以"洋囡囡"的绰号闻名全校，据传追求者有"孔门弟子七十二人"之众。其实看她年轻时的照片，称不上艳冠群芳，可能还是以气质取胜。那时女大学生基本身后都有一群追求者，像张兆和、许广平等，现在看来，也就是中人之姿，但那个年代的女大学生很少，可能也是"物以稀为贵"了。

这些追求者也并不都是路人甲，其中有个叫费孝通的（他后来写了《江村经济》，成了著名的社会学家），和杨绛是青梅竹马。两人小时候一起念过几年书，后来又在东吴大学重遇，于是费孝通俨然以杨绛的保护人自居，说谁要想追求她，必须先过他这一关。杨绛听了颇不以为意。

就在费孝通一厢情愿时，杨绛和钱锺书在清华初遇。两人初次见面，都忙着表明自己是单身。钱锺书的第一句话就是："我没有订婚。"杨绛的第一句话是："我也没有男朋友。"据杨绛后来回忆，有人问她锺书青年时可"翩翩"，实际上初遇时他穿一件青布大褂，一双毛底布鞋，戴一副老式大眼镜，一点都不"翩翩"，打动她的，是钱锺书酷爱读书，和她志同道合。

正当钱、杨二人鸿雁传书，感情日渐升温时，费孝通这个愣头青又来清华找杨绛了，他理直气壮地表示自己更有资格做她的男朋友。杨绛明确地拒绝了他，他还不死心，提出还要继续做朋友，杨绛直接明了地回应说："朋友，可以。但朋友是目的，不是过渡。换句话说,你不是我的男朋友,我不是你的女朋友。若要照你现在的说法,我们不妨绝交。"

费孝通倒是通情达理,后来还和钱锺书做起了朋友,一同出访美国时还主动送钱锺书邮票,让他给杨绛寄信,钱锺书觉得很好笑,说费孝通和自己就像《围城》中的方鸿渐和赵辛楣,是一对"同情兄"。

钱锺书在《围城》中将婚姻比作围城,城外的人想进来,城里的人想出去,可他和杨绛却是例外。有一次,杨绛读到英国传记作家概括最理想的婚姻:"我见到她之前,从未想到要结婚;我娶了她几十年,从未后悔娶她,也未想过要娶别的女人。"杨绛把它念给钱锺书听,钱当即表示:"我和他一样。"杨绛答:"我也一样。"

杨绛才气其实并不逊于钱锺书,在我看来,她的小说《洗澡》刻画世态入骨,婉而多讽,笔力不在《围城》之下,光就小说而言,结构和文笔甚至要强于《围城》。但她一直甘于站在钱锺书背后,两人在清华时,按清华的旧规,夫妻不能同时在本校任正教授,杨绛就做了兼职教授。

杨绛在出嫁之前,也是个十指不沾阳春水的名门小姐。嫁给钱锺书后,她开始学着洗手作羹汤,连婆婆都称赞她"笔杆摇得,锅铲握得,在家什么粗活都干"。杨绛在牛津坐月子时,钱锺书在家不时闯祸。台灯弄坏了,"不要紧";墨水染了桌布,"不要紧";颧骨生疔了,"不要紧"——托庇于杨绛的处处不要紧,钱大才子得以安安稳稳地读他的书，做他的学问。

最重要的是，她做这些时心甘情愿，没有一丝一毫的不满，握笔的手拿起了锅铲，照样拿得稳稳当当、心平气和。她是真正懂得钱锺书的价值的，所以当钱锺书对她说自己想写小说时，她根本没考虑到生活的困苦，而是甘做"灶下婢"。至于生活，本来就已经很俭省了，她觉得还可以再俭省些，这样钱锺书就能不用那么辛苦工作，专心写小说了。钱锺书的小说写好后，她是第一个读者，他每天写五百字，她就迫不及待地拿过来读五百字，看着她读得大笑，他也笑了起来。

这是一对把精神生活看得高过一切的夫妻。两人在一起做得最多的事，就是对坐读书，还常常一同背诗玩。他们发现，如果两人同把诗句中的某一个字忘了，怎么凑也不合适，那个字准是全诗中最欠贴切的字。杨绛说："妥帖的字有黏性，忘不了。"这一幕，不禁让人想起赵明诚和李清照之间赌书泼茶的韵事，不同的是，钱、杨之间更为平淡相敬。后来女儿阿圆出生，又是一个小书痴，被爷爷称为"吾家读书种子"，两人对读就变成了一家三口各自守着自己的书桌读书。

读书之余，这对夫妻还有些雅好。一是好喝茶，他们对立顿红茶赞不绝口，回国后有阵子喝不到，还别出心裁地用三种国产红茶一起冲泡，终于调配出一种与立顿红茶风味相似的配方。二是好散步，他们称之为"探险"。他们散步，不是为了看风景，而是为了观察路上的世态人情。

钱锺书和杨绛对观察世情是很感兴趣的，他们一家三口去小饭馆吃饭时，喜欢暗自察看周围的人，然后根据他们的表情推测出在他们身上发生了什么故事。说起来很玄乎，其实，这也就是我们现在常说的"脑补"，如此看来，钱锺书一家都称得上是"脑补"爱好者。也许正是这种态度，才让他们在陷入困境时，仍然能偶尔抽离出去，保持着世情观察者的超脱。

钱锺书是个有几分痴的人，这种痴不仅表现在他不擅交际上，也表现在他的一往情深上。杨绛生下女儿阿圆后，他主张不再生二胎，理由是如果再生一个，难免会分去了他们给阿圆的爱。有着这样性情的人，对相伴了数十年的妻子自然更是一片深情，他坚持给杨绛和女儿做早餐，红茶牛奶加面包果酱，这是他做的"钱氏"独家爱心早餐，一做就是几十年，直到他病重住院。"文革"时他在干校，杨绛会在大雨天独自走一段长长的泥泞道路去看他，而他也会绕几段路专程去探望妻子。他在人前一次次地称赞妻子，以至于有朋友评价他有"誉妻癖"。

1946年的短篇小说集《人·兽·鬼》出版后，钱锺书在自留的样书上为妻子写下这样无匹的情话："赠予杨季康[①]，绝无仅有的结合了各不相容的三者：妻子、情人、朋友。"1994年，在杨绛的力促下，钱锺书编定了自己的《槐聚诗存》，杨绛把全书抄完后，钱锺书拉起妻子的手说："你是最贤的妻，最才的女！"

---

① 杨季康：杨绛本名。——编者注

在经历了风风雨雨之后，他们好不容易可以安静地相守了，可惜很快就老病相催。钱锺书和女儿阿圆相继病倒，杨绛两头奔波，心力交瘁。是什么支撑她走过来的？后来她自述："锺书病中，我只求比他多活一年。照顾人，男不如女。我尽力保养自己，争求'夫在先，妻在后'，错了次序就糟糕了。"

她是他的守护神，守护了他一辈子。钱锺书临终时有一只眼未合，她附在他耳边说："放心吧，有我哪。"他终于安然而逝，留下她在世间打扫现场。在他去世之后，她全身心整理他的文集，自己也相继写出了《我们仨》《洗澡之后》等作品。

杨绛这一生，写过不少作品，最动人的就是她思念亡夫和爱女的《我们仨》。这本书我不敢多读，读了总是容易落泪。他们一家三口都是不爱交游的人，平常做得最多的事就是惜时如金地读书，就是这样安静的三个人，构成了一个丰足甜润的小世界。都说人生如梦，杨绛却说："我这一生并不空虚；我活得很充实，也很有意思，因为有我们仨。"

在她一百岁生日的时候，她写下了这样的感言："我得洗净这一百年沾染的污秽回家。……我心静如水，我该平和地迎接每一天，过好每一天，准备回家。"

许广平：当粉丝恋上偶像

《爸爸去哪儿》火的时候，朋友圈都被林志颖的情感故事刷屏了，这是一桩典型的粉丝嫁给偶像的故事，林志颖的老婆陈若仪原本是他的铁杆粉丝，多年来一直甘做巨星背后的女人，终于守得云开见月明。

粉丝嫁给男神素来为广大人民群众喜闻乐见。早在民国年间，就已经有女粉丝疯狂追星了，只不过，她们追的大多并不是男明星，而是驰骋政坛、文坛的超级巨星。

那时候，女追男还是极少见的，那些逆袭成功嫁给男神的女粉丝，她们的婚姻生活究竟如何？

流芳千古的如宋庆龄和孙中山，这对国父国母的年龄相差近三十岁。一天，二十二岁的宋庆龄向和她父亲年龄相仿的孙中山袒露了爱慕之情："我们结合在一起吧！我已仔细地想了好久，我能永远帮你做革命工作！"孙中山当时以"我已经老了，你还年轻"为由拒绝了宋庆龄的求婚。宋庆龄则坚定表示："革命是不问年龄的。爱心，也没有年轮。因此，这不应该成为我们之间不可逾越的鸿沟。"

受民国女粉丝追捧的还有那些大才子。风流倜傥如徐志摩之类自然人见人爱，就是相貌普通、脾气火暴的鲁迅，身边也不缺女粉丝爱慕。不少民国才子身边有"满庭芳"，可鲁迅的"红玫瑰"和"白玫瑰"都是一个人——许广平。

1923年10月，四十二岁的鲁迅走进了北京女子高等师范学校的课堂。此君身材矮小，两寸长的头发又粗又硬，笔直地竖在头顶，衣服上还打满了补丁。可在二十五岁的女大学生许广平眼里，鲁迅的学识和人格魅力足以使他熠熠生辉，她坐在第一排，望着这位"怒发冲冠"的老师，眼里满含热切。

很多年以后，许广平还忘不了鲁迅主讲中国小说史的第一堂课，她在回忆录里写道："许久许久，同学们醒过来了，那是初春的和风，新从冰冷的世间吹拂著人们，阴森森中感到一丝丝的暖气。不约而同的大家吐一口气回转过来了。"

几堂课下来，许广平成了鲁迅的忠实粉丝，连他那身布满补丁的衣服，在她眼里，也像黑夜的星星闪闪发光。在遇到鲁迅之前，她已经经历了一次刻骨铭心的初恋，和一位既是同乡又是表亲的青年李小辉相爱。李小辉当时在北京大学就读，在经过一段短暂时间的相处后，两人的感情有了突飞猛进的发展。不久后许广平感染了猩红热，李小辉因经常来探视许广平，也不幸被传染，后来许广平痊愈了，而李小辉却不治身亡。

如果说许广平和李小辉之间是两个年轻人平等的相知相爱，那么她对鲁迅的爱则一开始就建立在深深的仰慕之上。用现在的眼光来看，年轻时的许广平相貌端庄，有一点小龅牙，论长相是中人之姿。光以容貌论，比起传说中鲁迅暗恋过的北大校花马珏来，还是有一定差距的。

鲁迅在当时是国民偶像级的人物，虽然年纪偏大，家中又有一位包办的妻子朱安，但并不妨碍女学生们对他的倾慕。除了上面提到的北大校花马珏，实际上在许广平之前，他和女大学生许羡苏之间也来往密切，他写给许羡苏的信多达一百封，而写给许广平的只有八十封。

许广平的优势，在于果敢主动。上课时，她总坐在第一排，聪颖好学，敏而好问，给鲁迅留下了不错的印象。孙伏园就曾回忆说，鲁迅家中不乏女学生，他爱的是"长的那个"（指许广平），因为她"最有才气"。学生运动中，她和刘和珍都是积极分子，进一步博取了鲁迅的好感。

我私下揣测，鲁迅可能喜欢活泼一点的女孩子，后来他欣赏的萧红在他面前也挺活泼的。许羡苏当时和鲁迅交往甚密，甚至为他织过毛衣，她的性格相对许广平来说更内敛些。有一次鲁迅请许羡苏、许广平等几位女学生在家中吃饭，他酒后拳打俞芬，并按了许广平的头。许羡苏当即愤然离席，事后指责许广平不该灌醉鲁迅，许广平致信向鲁迅道歉，鲁迅反而替她说话。

1925年3月，在默默当了一年多的粉丝后，许广平提笔给鲁迅写了第一封信，信中问："先生，可有甚么法子能在苦药中加点糖分，令人不觉得苦辛的苦辛？而且有了糖分是否即绝对的不苦？"令她欣喜的是，两天后她就收到了鲁迅的回信，他亲切地称她为"广平兄"，并回答说："苦茶加糖，其苦之量如故，只是聊胜于无糖，但这糖就不容易找到，我不知道在那里，这一节只好交白卷了。"两人由此开始了频繁的通信，信的内容日渐亲密，一向给人以严肃印象的鲁迅竟称自己为"小白象"，意为皮厚有韧劲。这些信后来都收入了著名的《两地书》中。

这个阶段的鲁迅，由于长期的禁欲生活，情感世界的确如同一杯苦茶。对于爱情，他是悲观的，所以尽管内心渴望，却始终裹足不前。对马珏和许羡苏，他都是有好感的，但都停留在发乎情止乎礼的阶段，要不是遇到许广平这样热情的女粉丝，他很有可能会将禁欲生活进行到底。

面对鲁迅的保守和退缩，许广平表现得十分勇敢，她大胆地向鲁迅示爱，鲁迅列举了很多不配的理由，并反问她："为什么还要爱呢？"许广平借用勃朗宁夫人的诗句回答说："神未必这样想！"

对于鲁迅顾忌的名分问题，她也毫不在意，去信说："我们以为两性生活，是除了当事人之外，没有任何方面可以束缚，而彼此间情投意合，以同志一样相待，相亲相敬，互相信任，就不必要有任何的俗套。"

许广平的热烈终于融化了鲁迅心中的坚冰，他给她回信表示："我可以爱！"1925年10月20日的晚上，在鲁迅西三条寓所的工作室"老虎尾巴"，他坐在靠书桌的藤椅上，她坐在床头，二十七岁的她首先握住了他的手，他回报以"轻柔而缓缓的紧握"，并说："你战胜了！"

1926年3月6日，鲁迅在日记中写下："旧历正月二十二日也，夜为害马剪去鬓毛。"这是隐语，暗指二人开始同居。同居在当时是惊世骇俗的，为了打消鲁迅的顾虑，许广平对他说："假使彼此间某一方面不满意，绝不需要争吵，也用不着法律解决，我自己是准备着始终能自立谋生的，如果遇到没有同住在一起的必要，那么马上各走各的路。"

做国民偶像的女人是很有压力的，在很长一段时间内，她都只能和偶像做地下情侣。两人定居上海后，有朋友来访，鲁迅总是叮嘱她不要下楼。两人同游杭州时，鲁迅还特意订了间三个床位的房间，请朋友许钦文睡中间那张床，他和许广平分睡在两边的床上。

即便是这样，许广平也毫不在意，她在散文《风子是我的爱》中写道："合法也罢！不合法也罢！这都于我们不相干，于你们无关系，总之，风子是我的爱……"直到她怀孕后，两人才将关系公开。

许广平的到来，给鲁迅苦茶似的情感世界加入了甜蜜的糖分。她是他热烈勇敢的红玫瑰，也是他温柔贤淑的白玫瑰，身兼妻子、情人、战友、助手、生活秘书等多种职务于一身。他们在一起生活了十年，十年间，鲁迅的创作量超过了以往所有时期。他的笔下，也开始增添了一抹暖色，不再全是刀笔吏式的冷酷。有了儿子海婴后，他们在上海的家更是增添了欢声笑语。

许广平对鲁迅的照顾无微不至，帮他抄稿子，接待客人，管理他的衣食起居。在她的照顾下，鲁迅的头发不再那么凌乱，衣服也不再有补丁了，他常对人感叹说："现在换件衣服也不晓得到什么地方拿了。"

萧红回忆说："许先生（许广平）对自己忽略了，每天上下楼跑着，所穿的衣裳都是旧的，次数洗得太多，纽扣都洗脱了，也磨破了，都是几年前的旧衣裳……许先生冬天穿一双大棉鞋，是她自己做的。一直到二三月早晚冷时还穿着。……许先生买东西也总是到便宜的店铺去买，再不然，到减价的地方去买。处处俭省，把俭省下来的钱，都印了书和印了画。"

现在有种论调说许广平和鲁迅在一起后生活并不幸福，可能很多人是看了萧红的这篇文章才这样想的，其实萧红在文中还写道："许先生是忙的，许先生的笑是愉快的，但是头发有一些是白了的。"

十年的相伴，难免会有小摩擦，鲁迅自己都说过"做文学家的女人真不容易"，但以此推论成不幸则未免太夸大了。许广平对鲁迅，始终保持着一种粉丝对偶像的崇拜之情。作为爱人，她有时会为对方的不够体贴而伤感；作为学生，她认为对先生的照顾迁就是理所当然的。她曾说："我自己之于他，与其说是夫妇的关系，倒不如说不自觉地还时刻保持着一种师生之谊。"一次鲁迅有些愧疚地说："我这个人的脾气真不好。"她马上说："因为你是先生，我多少让你些，如果是年龄相仿的对手，我不会这样的。"

鲁迅对许广平也是满怀感激的。他平时大多数时间都忙于创作，没有太多机会陪许广平，有时会在睡前赔罪似的陪她几分钟，说："我陪你抽一支烟好吗？"聊得兴奋了，又说："我再抽一支烟好吗？"直到许在他的声音中睡去，他才抽身去工作。

1934年，两人相伴走过了十个年头，鲁迅在赠给许广平的一首诗中情挚意深地说："十年携手共艰危，以沫相濡亦可哀。聊借画图怡倦眼，此中甘苦两心知。"

嫁给偶像的粉丝究竟幸福吗？正如鲁迅诗中所说，"此中甘苦两心知"，旁人未必能领会。每个女人对婚姻的期望不一样，有些女人需要的是被宠，也有些女人愿意做爱得更多的那个人。上海的生活，是鲁迅一生中最快乐的日子，许广平即使再忙碌，笑容也是愉快的。

1936年10月19日，鲁迅在上海病逝，临终时紧握着许广平的手嘱咐她："忘记我，管自己生活。"

这一次，学生没有听先生的话，在他逝去后，许广平没有结婚。她独自抚育海婴，照顾鲁迅的母亲，整理出版鲁迅的遗作。

最难得的是,她一如既往地善待朱安,鲁迅去世后,她在困难的岁月里也经常汇生活费给朱安。朱安以前曾拒绝接受周作人的钱,此时却乐于接受许广平寄来的生活费。朱安还对人说:"许小姐待我好,她懂得我的想法,她的确是个好人。"

据说宋庆龄曾劝许广平"不必从一而终",但许广平毫不犹豫地拒绝了。许广平七十岁时因心脏病突发去世,据其长孙周令飞回忆,这是因为鲁迅手稿失踪而引起的。

这位曾经的革命斗士、叛逆文青,最终以鲁迅的"妻子"留名。有人认为鲁迅是太阳,许广平是月亮,月亮是借助于太阳的光辉而显示自己的。

她会因为只能充当英雄背后的女人而遗憾吗?我想未必,因为她在爱中满足了。

吕碧城：胜女不嫁

按照现在流行的说法，一个女人活得再成功，如果没有在三十岁前成功地把自己嫁掉，那么就是情场中的一只"败犬"。正因如此，很多人把吕碧城称为"民国第一败犬女王"。她本人如听到这种说法，肯定会奋起反击，什么"败犬女王"，她一发怒，非得把说这话的人打成落水狗不可。

还有时下那些新兴的称谓，什么"资深剩女"啦，什么"灭绝师太"啦，这些强扣在大龄未婚女士头上的帽子，一顶都不适合吕碧城女士。

"剩女"本来就是个伪命题，哪有什么剩下来的女人，不过是不愿意将就罢了。吕碧城，就是这样一个一丁点都不肯将就的女人。她自称"生平可称心的男人不多"，可见她不是"败犬"，也不是"剩女"，而是完全掌握了自己命运、不肯向男权社会妥协的

"胜女"。

吕碧城究竟是个什么样的人？

在民国的群芳谱中，吕碧城是个特立独行的标志性人物。她以女子之身，驰骋于文坛、政坛，以及商界、学界，横扫多个领域。她早年是交际场上的明星，以放诞著称，晚年却茹素礼佛。她一生追求者众多，最后却矢志不嫁。

民国有四大才女，号称"碧红梅玲"，排名第一的就是吕碧城，如今女文青们奉为祖师奶奶的张爱玲也只得屈居第四。才名最盛的时候，时人写诗赞曰："绛帷独拥人争羡，到处咸推吕碧城。"

吕碧城出身书香世家，父亲吕凤歧是光绪年间进士，家有藏书三万卷，受此熏陶，她自幼就能诗擅文。五岁的时候，父亲在花园中见风拂杨柳，随口吟出"春风吹杨柳"，她当即接道"秋雨打梧桐"。她七岁能作巨幅山水，十二岁时就写出"夜雨谈兵，春风说剑，冲天美人虹起"的词句来，令晚清诗论大家樊增祥读后拍案叫绝，不相信这样的句子出自一个小女孩之手。

后来吕碧城离家出走，机缘巧合之下，她成了《大公报》的编辑，也是中国历史上第一位女编辑。她在《大公报》上激扬文字，指点江山，以格律体诗文点评时事，在报纸上发表词作《百字令·排云殿清慈禧后画像》讽刺老佛爷慈禧："屏蔽边疆[1]，京垓金币，纤手轻输去。"词风一扫闺阁脂粉气，时人将她誉为"近三百年来最后一位女词人""足与易安俯仰千秋，相视而笑"。今天的读者对吕碧城不太熟悉，可能是因为她坚持用文言文创作，不如白话文易于流传。

词如其人，从上面的词句可以看出，吕碧城身为女子，却有男子侠气，所以当时有人把她和秋瑾并称为"女子双侠"。秋瑾和她私交甚笃，初见即大为赞叹。秋瑾原本也给自己取了个"碧城"的名字，见了吕碧城之后甘愿让出，认为只有好友才称得起"碧城"之名。"碧城"二字原本有道教色彩，被传统道教奉为元始天尊的老子李聃"居紫云之阙，碧霞为城"，后人因此用"碧城"来形容神男仙女的居所。以此为笔名，可以看出吕碧城以仙人自居的心高气傲、目空一切。

吕碧城一生，果然没有辜负"碧城"这个名字，其爱其恨都足以倾城。民国四大才女，萧红、石评梅、张爱玲都是在文学领域扬名，而吕碧城呢，并不仅仅是个才女，而且是跨界女王。

她办学，能办成一流的女学。做《大公报》主笔期间，吕碧城借助这一舆论阵地，积极为她的兴女权、倡导妇女解放等主张发表大量诗文。1904年11月17日，北洋女子公学正式成立并开学，吕碧城出任总教习（教务长），傅增湘为监督（校长）。两年后添

---

[1] 屏蔽边疆：也有版本此处为"遮罩边疆"。——编者注

设师范科，更名为北洋女子师范学堂。时年二十三岁的吕碧城升任校长。①这样年轻的女校长，当时在全国也是绝无仅有的，她被誉为"北洋女学界的哥伦布"。她主张女子教育要以改造国民素质为本，既不培养贤妻良母，也不培养巾帼英雄，而是要培养"完全之个人"和"完全之国民"。她还大胆聘用男老师，为女子教育带来一股清新之风。

她从政，也能取得煊赫的地位。袁世凯出任临时大总统后，吕碧城受袁之邀，出任总统府机要秘书，意图实现其"对于国不失为完全之国民"的理想抱负。身为女子，她颇具政治敏感性，当察觉到袁的称帝野心之后，她预感到会卷入纷争，于是明智地抽身而退，辞去了总统秘书的职务。

她经商，也能成为范蠡式的"女陶朱"。辞职之后，她携母归沪，在上海经商，两三年间就成了巨富。她斥资在上海建起了豪宅，宅内陈设装潢均为欧式风格，外临方形球场，室内有钢琴油画，院中还有印度警吏日夜巡逻。吕碧城年少丧父，曾度过一段寄人篱下的岁月，终于凭借自己的力量积攒下巨额财富，也为后半生找到了依傍——不结婚终究是需要底气的，最起码，你得兜里有钱，不然难免沦落到为了找张长期饭票而屈就的地步。

这样一个玩转文、政、商三界的奇女子，偏偏还生得一等一的美貌。看吕碧城流传下来的照片，大多穿着欧式衣裙，相貌也

---

① 吕碧城担任校长的时间一说为1908年，时年二十五岁。——编者注

有点洋范儿，秀眉微蹙，一派目下无尘的风范。在民国群芳之中，吕碧城和张爱玲是以喜着奇装异服出名的，张爱玲喜欢穿着老祖母压箱底的旗袍出去应酬，吕碧城的标配则是"胸前孔雀翎，头上插翠羽"。女作家苏雪林就曾在杂志上剪下她一幅玉照惠存，照片上吕碧城"着黑色薄纱的舞衫，胸前及腰以下绣孔雀翎，头上插翠羽数支"，苏雪林称她"美艳有如仙子"。

写到这里，我十分怀疑，金庸笔下那个"翠羽黄衫"的霍青桐形象，是不是借鉴了吕碧城的衣着打扮？巧的是，霍青桐也没有出嫁，大概是因为偌大个江湖，竟找不到一个般配的人物。看来不管是江湖还是文坛，太过出色的女子都免不了独孤求败式的寂寥。

如此才貌双全，吕碧城身边自然少不了追求者。她的情史上，有两个人值得一提。

一个是《大公报》的主编英敛之，此人是她的伯乐。吕碧城少时寄居于舅父家，后因执意求学与舅父闹翻，只身离家出走。举目无亲的她给《大公报》写了一封信，这信阴差阳错地落到了英敛之手里，他读后亲自前往探访，对吕碧城的文才胆识赞赏不已，并邀请她到《大公报》任职，给了她一个飞扬激越的平台。英敛之还介绍她与当时的社会名流严复、傅增湘等相识，并多次在报上为她撰写评论，极力褒扬。

这样的提携之恩，吕碧城原本也是心怀感激的。据《吕碧城年谱》一文中介绍，"英敛之对碧城极为倾倒，爱慕之心油然而生，因而引起英夫人不快"。后来两人逐渐不和，一个原因是英敛之与吕碧城的二姐吕美荪传出绯闻，还有个原因是英敛之曾讥笑吕碧城服装太过奇异，吕碧城一怒之下，和英敛之闹翻，和二姐也绝了交。多年后亲友劝她和二姐和好，她还发毒誓说："不到黄泉，毋相见也。"爱之深则恨之切，可见她对英敛之是动过真情的。

另一个是袁世凯的次子袁克文，此人是她的知音。袁克文是"民国四公子"之一，工诗文，擅戏曲，他们在一起填词唱和，称得上志趣相投。吕碧城大袁克文七岁，两人结缘始于秋瑾被捕，吕被牵连入狱。袁克文看过吕碧城的文章，也崇尚新思潮，见了吕碧城的卷宗后计划救她出狱。他先将此事告诉了父亲，不想袁世凯也欣赏吕碧城，当即说道："若有书信来往就是同党，那我岂不是也成了乱党？"一句话，让吕碧城就此脱罪，也让她与袁克文结下不解之缘。

袁克文风流不羁，却重情重义。他敬重吕碧城敢说敢为的傲骨，也欣赏她在诗词造诣上比自己高出一筹的才气，正是在他的推荐下，吕碧城才担任了袁世凯的秘书。他们不仅是文学上的知音，在政治上的见解也相近。袁克文是反对父亲称帝的，曾写诗劝袁世凯"绝怜高处多风雨，莫到琼楼最上层"。而吕碧城及时抽身而退，也不排除是听了袁二公子建议的结果。

袁克文妻妾多达十四人之众，吕碧城与袁克文最终没有走在一起，可能就是因为袁太过风流。据说吕碧城曾经动过嫁心，可袁克文却急着娶了另一房小妾入门，使她就此断了念头。有朋友曾经试探吕碧城对袁克文的态度，她淡淡一笑，回答说："袁属公子哥儿，只许在欢场中偎红倚翠耳。"

从这两段情史可以看出，吕碧城心气太高，不肯有丝毫俯就，她能看上的人屈指可数，而这些人又基本都结了婚。连老师严复都说她："此女实是高雅率真，明达可爱，外间谣诼，皆因此女过于孤高，不放一人于眼里之故。"

以"碧城"为号的她，毕生都爱惜羽毛，对爱情始终保持着极其审慎的态度。

她曾说："生平可称心的男人不多，梁启超早有家室，汪精卫太年轻，汪荣宝人不错，也已结婚，张謇曾给我介绍过诸宗元，诗写得不错，但年届不惑，须眉皆白，也太不般配。"

吕碧城的不婚，并不是一时的冲动，而是经过理性思索的，她说过："今日此种社会，尚是由父母主婚为佳，何以言之？父母主婚虽有错时，然而毕竟尚少；即使错配女子，到此尚有一命可以推委。至今日自由结婚之人，往往皆少年无学问、无知识之男女。当其相亲相爱，切定婚嫁之时，虽旁人冷眼明明见其不对，然如此之事何人敢相参预，于是苟合，谓之自由结婚。转眼不出三年，情境毕见，此时无可委过，连命字亦不许言。至于此时，其悔恨烦恼，比之父兄主婚者尤深，并且无人为之怜悯，此时除自杀之外，几无路走。"

尽管良偶难觅，但她不无骄傲地宣称，幸而自己手头略有积蓄，不愁衣食，可以以文学自娱。略有积蓄的说法太过谦了，实际上她大半生都挥金如土，因有巨资傍身，才能随意出国深造，历游欧美。

当很多女人还在为找不到一个好的归宿而苦恼时，吕碧城已经淡然转身，决心让自己成为自己最终的归宿。立志独身后，她只身赴美求学，并先后两次游历欧美数国，将见闻写成《欧美漫游录》。每到一处，她都极其注重自己的外表和言行，认为自己在代表中国二万万女同胞，要让世人领略中国女性的风采。因为相貌美丽，出手阔绰，许多西方人以为她是一位来自东方的公主。殊不知，她的人生比公主精彩多了，她是自己世界的女王。

晚年的吕碧城，成了一名动物保护者和素食者，并正式皈依三宝，成为在家居士，法名曼智。对比她绚烂的前半生，她的晚年算是繁华落尽见真淳吧。

1943年1月24日，吕碧城在香港九龙辞世，享年六十岁。她在遗嘱中要求不留尸骨，火化后将骨灰和面为丸，投于南海。在生命的最后时光，她留下一首诗寄给友人："护首探花亦可哀，平生功绩忍重埋。匆匆说法谈经后，我到人间只此回。"

有人为吕碧城终生不嫁而扼腕叹息，认为她空负绝世才貌，最后却孤独终老，这样的人生太过遗憾了。

其实所谓的不留一丝遗憾，只存在于流行歌曲里，人生永远没有真正的圆满，没有这样的遗憾，必然会有那样的遗憾。像吕碧城这样，有着强大的内心世界，清楚地知道自己要什么，将一辈子活出了人家几辈子的精彩，也算是不负此生了。

至于孤独终老，我们活在世上，又有几个人不是在孤独中死去呢？

江冬秀：素手挡尽桃花劫

有些言情剧会为女人们提供这样一幅幻景：霸道多金的男主角人见人爱，可是他偏偏只爱那个平平无奇的女主角，因为她清纯可爱，活像小白兔。

事实上，嫁了人见人爱的男主角结局会怎样？电影《河东狮吼》中的一段台词可以借鉴。片中张柏芝饰演的柳月娥嫁给了受众多女粉丝追捧的男一号陈季常（古天乐饰），范冰冰扮演的郡主试图横刀夺爱，于是出现了下面一幕：

郡主的皇帝表哥说："河东柳氏，你看清楚你的老公，你看他天生的风流倜傥、才华横溢，命中注定要招蜂引蝶，你以为你挡住了郡主进门，他以后就不会再惹桃花债了吗？"

柳月娥微微仰起头，倔强地回答："桃花债要还，桃花劫要挡，柳月娥命中注定一世担惊受怕，为季常挡去所有的桃花劫，即使我挡到伤痕累累，也绝不会后退，这个皇上你不用为我担心。"

电影里的皇帝说出了一个血淋淋的真相：如果你嫁给了一个天生风流倜傥、才华横溢的老公，那就有数不清的桃花债要还、桃花劫要挡。纵然长得倾国倾城如柳月娥，也未必能一次次成功击退情敌。

民国时期，却有这样一位女子，生得远远没有柳月娥美貌，脾气却像柳月娥一样强硬，她以大无畏的精神，挡住了盛开在老公生命中的一朵又一朵桃花。

她就是著名的"小脚夫人"江冬秀。

民国处于新旧交替的时代，当时追求新思潮的才子家中多有一位"母亲的礼物"式的旧式妻子。鲁迅有朱安，徐志摩有张幼仪，郁达夫有孙荃，郭沫若有张琼华……这样的婚姻，被戏称为"小脚与西服"，形容旧式妻子和新派丈夫的组合，这样的两人实在不般配，小脚夫人们不是被弃，就是被冷落终生。只有胡适和江冬秀是个例外，两人相依相伴一辈子，胡适对这位夫人是既爱又怕，连张爱玲去拜访了他们之后都说："他们是旧式婚姻罕有的幸福的例子。"

原配夫人中，人们常常拿江冬秀和朱安对比，论先天条件，她比朱安其实优越多了。她和胡适的一张合影中，她尚未发福，一张端丽的圆脸，是老辈人欣赏的那种很喜气的长相。她的家境也较优越，当时她嫁给胡适不是高攀，而是俯就。

在胡适漫长的留洋求学时期，他对于母亲为他订下的这件

"礼物",态度是无可无不可的。据说他在留学时并不受女同学青睐,漂泊异乡时对爱情不无渴望,于是给未过门的江冬秀写起了信,信中还建议她放了小脚。

江冬秀本来没念过什么书,也试着给胡适回信,还听从他的建议放了脚。婚前的她,对留洋在外的未婚夫婿还是有些敬畏的。胡适学成归国后,曾经跑到江家想见她一面,她却躲在蚊帐后不肯出来,一派小女儿的娇羞之态。

徽州女人给人的印象一向是坚贞、隐忍、孝顺、沉默,那里的贞节牌坊出了名的多。江冬秀初嫁胡适时,想必也是抱着做温柔贤妻的憧憬,那时她已经二十八岁,在当时算是"老姑娘"了。她足足等了胡适十三年,当乡人纷纷传说胡适在外已有了一个洋女友时,她还是顶住压力,坚定不移地等他回国。

如果早知道胡适身上会有那么多的桃花债,她还会那样矢志不渝地等待他吗?

以江冬秀的硬气,她恐怕也会不改初衷。

胡适在民国时期,可比陈季常在宋朝还要出风头。他创办《新青年》,提倡白话文,人也风度翩翩,堪称一代国民偶像。他为人相当亲切随和,在民国学者文人的回忆录里,人人都爱提及"我的朋友胡适之",他对待女士们,更是兼具文人情趣和绅士风度。

这样一个倜傥人物,难免要招些桃花债了。面对着朵朵桃花,属虎的江冬秀打响了她霸气的婚姻保卫战。

最早开在他们婚姻之外的桃花是曹诚英。1923年秋天，胡适到杭州疗养，江冬秀写了一封白字连篇的信给曹诚英，拜托后者照顾"表哥"胡适。曹诚英是她与胡适结婚时的伴娘，也是胡适嫂嫂的表妹，当时正在杭州读书。这个才貌双全的女学生立即让"表哥"掉进了温柔乡，他们在西湖畔的烟霞洞里同居了三个月，双宿双栖，周围人都有心成全这对金童玉女。

世上没有不透风的墙，江冬秀知道这个消息后，没有学旧式女子那样温柔隐忍，而是拎起一把裁纸刀，抱着儿子在胡适面前大吵，宣称要杀了儿子后再自杀。有家佣过来抢过江冬秀手中的裁纸刀，可江冬秀并不罢休，又抓过一把剪刀朝胡适扔过去，差点戳伤胡适的脸。胡适哪见过这样的阵仗啊，当即软了下来，信誓旦旦要回归家庭。

后来曹诚英写给胡适的一封信落在了江冬秀的手中，信中说："糜哥①，在这里让我喊你一声亲爱的，以后我将规矩地说话了！"江冬秀气得从牌桌上跳起来，当着左邻右舍的面把胡适好一顿训斥。我猜想，胡博士当时一定希望自己练过遁地术，尽快摆脱无地自容的窘境。

对于"屡教不改"的曹诚英，江冬秀决心再不放过。后来曹诚英在四川谈了个男朋友，谁料想有一次江冬秀在麻将桌上正遇上那个男朋友的表姐，她恶狠狠地将曹诚英骂得猪狗不如，表姐

---

① 糜哥：胡适原名胡嗣糜。——编者注

赶紧回家叫表弟退了婚。曹诚英受不了这个打击，曾一度跑到峨眉山出家，后经人劝说才还俗。

这一次，江冬秀以孙二娘般的彪悍作风保住了婚姻。

除了曹诚英，还有一个韦莲司，那是胡适生命中开得最长久的一朵桃花了。韦莲司是美国人，1914年6月与胡适在美国纽约康奈尔大学结识。在此后四十八年的岁月中，她一直充当胡适的粉丝和女友，终生未嫁。

胡适对韦莲司和曹诚英的态度不一样，据友人说，胡适曾经想为了曹闹离婚，而对韦莲司呢，则主要是一种精神需要，他视韦为精神上的知音和伴侣。胡适对韦莲司的人品与学识非常欣赏，曾称赞韦莲司"高洁几近狂狷"。韦莲司给他写过许多火热的情书："没想到，我会如此爱你……胡适……我崇拜你超过所有的男人……""我整好了我们那个小得可怜的床……我想念你的身体，我更想念你在此的点点滴滴。……"

而胡适对韦莲司的态度，则要克制得多。他在之后的一首诗中写道："应念赫贞江上，有个同心朋友，相望尚依然。""朋友"在他的原稿中是"伴侣"。他对这段关系的定位是不能相濡以沫，只能相望。于是两人就这样一望一生。

也许是意识到韦莲司不如曹诚英的杀伤力那么大，江冬秀这次没有施展降龙十八掌，而是轻描淡写地使出一招"兰花拂穴手"，写信给胡适试探他的态度。信里说："我想，你近来一定有个人，同你商量办事的人，天上下来的人。我是高兴到万分，祝你两位长生不老,百百岁。"胡适看了信后,愧疚不已,马上回信表忠心,宣称自己在外是孤零零的一个人。

只要不对自己的婚姻造成致命威胁,江冬秀还是蛮大度的。她后来甚至和韦莲司成了朋友,在胡适因心脏病突发去世后,她主动要求韦莲司写一篇自己的传记,放进胡适的资料里。现在有个流行词叫"正室范儿",江冬秀的大气之举,堪称"正室范儿"的最佳注脚。

才子大多多情,除曹诚英和韦莲司之外,胡适还招惹过不少花花草草,女诗人徐芳炽烈地向他求爱,名媛陆小曼也和他有过暧昧之情。江冬秀以一己之身,强悍地挡住了一次又一次桃花劫,威名远震,以至于陆小曼用英文给胡适写信,也特意把字写得又粗又大,看起来像男人的笔迹,以免惹怒江冬秀。

江冬秀属虎,胡适属兔,两人从性格来说属于女刚男柔。胡适在家中畏妻如虎,徐志摩曾写诗戏谑胡适于江冬秀之外不敢造次,只因"为恐东厢泼醋瓶"[①]。没办法,嫁了个风流才子,只有化身母老虎,才能把楚楚可怜的各路"小三"挡在门外。做小白兔的话,若有强敌来犯,只能缩在墙脚瑟瑟发抖了。

身为原配,江冬秀最看不惯的就是当时文人中流行的停妻再娶。原配们大多懦弱忍让,她"路见不平一声吼,该出手时就出

---

① 此句另有版本为"为恐东厢满醋瓶"。——编者注

手"，把自己家的客厅变成了原配们寻求公道的会客室。文人的原配妻子一个个跑到这里哭哭啼啼，江冬秀拍案而起，愤然踏上了为原配维权的艰辛道路。

北大教授梁宗岱成名之后，要同他的妻子何氏离婚，与才女沉樱结婚。梁妻性情懦弱，无可奈何。江冬秀听说后无法忍受，于是挺身而出，先将梁妻何氏接到自己家中住下来，给她安慰、壮胆，接着勇敢地将此事诉诸法律，帮她出主意打官司。江冬秀亲自到法庭为她辩护，使梁宗岱最终败诉。

徐志摩和陆小曼相恋后，胡适应邀担任主婚人，江冬秀屡屡责骂，还扬言说："你们都会写文章，可惜我不会写文章，不然我要把你们这些人的真实面目写出来，你们都是两个面目的人。"

北大校长蒋梦麟和原配离婚，要迎娶陶曾谷，邀请胡适担任证婚人，江冬秀气愤地阻挡说："哪有这样的事，离了老的讨小的，个个都这样，这不是黑了天？别人我管不着，我就是不让你去。"眼见夫人锁了大门，堂堂胡博士只好爬窗户前去参加婚礼，付出的代价是被罚两天不准回家。

纵然有江冬秀大力撑腰，原配们大多还是不敌"小三"，逃不了被弃的结局。江冬秀捍卫得最成功的还是她自己的婚姻，这首先得益于她自信的心态和彪悍的性格。

江冬秀这个女人有魄力，能决断，豪爽仗义，泼辣时是相当泼辣的，贤惠起来也是相当贤惠的。她擅长操持家务，家里常常高朋满座，她最拿手的菜是徽州菜，使得胡适偶尔和她分开时，也无比想念家里老妻烹制的一品锅。她没读过几年书，却坚持给他写信，信里除了嘘寒问暖，还时不时玩玩小情调，比如问夫君"我是如意，不知你可如意不如意"。她对他的亲友慷慨大方，胡适在美国时寄来一千六百元钱，她马上分成几份送给同样艰难的亲友，还给某学堂捐了两百。她有自己的见识，坚决反对胡适从政，希望他好好研究学问。她对官场和胡适的本质都很了解，说："说真话政府不愿意听，说假话，第一你不会，第二不能保全你的人格。"又说："你在大会上说老实话，你就是坏人了。我劝你早日下台吧。"她要胡适给她一句话，就是"我一定回到学术生活上来"。胡适曾在信中非常感激地说："你总劝我不要走上政治路上去，这是你的帮助我。若是不明大体的女人，一定巴望男人做大官。你跟我二十年，从来不作这样想……"

和其他原配相比，江冬秀最大的优势在于她没有自卑感。她对胡适，没有采取向上仰望的姿态，而是保持着平视。她用她的一品锅和毛豆腐，用她白字连篇的信，用她对他亲友的照顾和周济，用她甘于一同吃苦的义气，一步步提升着自己在夫君心目中的地位，最终以一棵树的姿态和他并肩站在了一起。夫妻多年成兄弟，到了后期，胡适在生活上和精神上都是相当依赖这位夫人的，她给他的，不仅有柔情，还有恩义。

胡适是个春风一样的男子，对待这个旧式妻子，他并不像鲁迅对朱安那样冷漠，而是给予妻子温柔和关爱。他耐心地教她认字,给她写信;她爱打牌,他就特意安排秘书另找房子;她喜欢看金庸的武侠小说,他就托人从香港带到纽约。他一生中有过几段绯闻,但多数时候还是保持着发乎情止乎礼的状态。朋友们说他怕老婆,他就借此调侃,宣称要发起组织一个"怕太太协会",只招收十名会员,以十枚硬币作为会员证。胡适还主张新时代的男人要遵守"三从四德":三从,就是"太太出门要跟从,太太命令要服从,太太说错了要盲从";四德,就是"太太化妆要等得,太太生日要记得,太太打骂要忍得,太太花钱要舍得"。

正是因为他的忍让和包容,江冬秀才越来越自信。他们晚年时,一家人合影,她坐在中间的椅子上,胡适站在她身后,孩子们环立两边,这个时期的江冬秀,已经明显有一家之主的风范。

那些发誓要不惜一切斗"小三"的女人,别忘了问问自己,你嫁的这个男人,究竟值不值得你出手。

阮玲玉：贪一点依恋贪一点爱

阮玲玉这个名字，如今成了红颜薄命的代名词。提到她，人们往往会想起另外几位自杀的女明星，包括艾霞、林黛、翁美玲、陈宝莲等，她们无一例外，都是在最灿烂的年华骤然凋谢。

死亡像一种凝固剂，让她们在人们记忆中定格成最美的样子。"俏黄蓉"翁美玲永远活在不干胶贴画里，"默片女王"阮玲玉则永远活在黑白电影里——她穿着旗袍，轻颦浅笑，一双柔媚的眼睛像是蕴含了千言万语要向你诉说，那样子，很风情，很民国，很白先勇。

单是看照片，可能会感觉阮玲玉并不特别出众，她的五官不是那种精巧得无可挑剔的，面相略显单薄，所谓"薄面"指的就是这种类型。阮玲玉的美，美在气韵，我曾经见过她在电影中的片段，确实如同当时小报上说的，"一笑万古春，一啼万古愁"。连后来扮演过她的张曼玉都说："我觉得阮玲玉的骨子里有一种讲不出来的妩媚。"

阮玲玉常和"电影皇后"胡蝶搭档演戏，胡蝶演主角，她演配角。和活色生香的阮玲玉相比，以美貌闻名的胡蝶倒显得有些太过端庄了。

当时评选"电影皇后"，胡蝶以遥遥领先的票数高居榜首，阮玲玉仅仅获得了第三名。胡蝶和阮玲玉，有点像现在电视台评选的"最受欢迎女演员"和"最佳女演员"，胡蝶在市民中人气极高，阮玲玉则是业界公认的演技最佳女演员。

赵丹评价这位同行说，阮玲玉穿上尼姑服就成了尼姑，换上一身女工的衣服，手上再拎个饭盒，跑到工厂里的女工群里去，和姐妹们一同上班，简直就再也分辨不出她是个演员了。

胡蝶也坦言，她演的角色阮玲玉都能演，但阮玲玉演的角色她演不了。同样描摹悲剧女性的电影，阮玲玉演的《神女》大获成功，胡蝶演的《胭脂泪》却略逊一筹。

"演员应该是疯子，我就是一个。"

阮玲玉是这样说的，也是这样做的，她入行之初，演的大多是"花瓶"的角色，后来勇于突破，演了许多时代女性。她演戏有自己的想法，并不全听导演的话，有时导演强行命令她执行，她就在拍片时用口型骂导演。因为拍的是默片，导演也拿她无可奈何。她最擅长的还是悲情片，需要哭的时候，马上双泪俱下，相当富有感染力。

每一个为情自杀的女人背后,基本都有一个让她伤心的薄情男人。阮玲玉比较不幸的是,她遇到的三个男人都有负于她。

第一个是没落少爷张达民。

张达民原是富家少爷,阮玲玉母亲就是张家的用人,两人算是青梅竹马。阮玲玉长大之后,出落得水葱一样,张达民向她展开了追求。身份地位上的悬殊差距,让阮玲玉对这位公子哥儿毫无招架之力。由于张家反对他们结婚,两人只好同居,这一年,阮玲玉才十六岁。

从十六岁到二十二岁,阮玲玉一直和张达民同居。有钱的时候,两人就出去跳舞、跑马、吃吃喝喝;没钱的时候,两人也免不了争争吵吵。

就在这期间,阮玲玉考入电影公司,一跃成为炙手可热的大明星。张达民呢,生活却一路下坠,将继承的二十万家产挥霍一空,还染上了赌博的恶习。

即使没有唐季珊的出现,他们分手也是早晚的事,毕竟,两人之间的差距越来越大。

第二个是茶叶大王唐季珊。

唐季珊堪称"女明星杀手"。在阮玲玉之前,和他在一起的是女明星张织云,她是在胡蝶之前的中国第一位"电影皇后"。在阮玲玉之后,他又和女明星梁赛珍有染。

和其他追求女明星的富商一样,唐季珊使出的也是金钱攻势。他给她买昂贵的首饰,带她去舞场跳舞,还送了她一套漂亮的小洋楼。比起张达民的幼稚、冲动，唐季珊显得稳重大方、温柔体贴，阮玲玉感情的天平毫不犹豫地偏向了唐季珊。她是一个需要依靠男人的女人，与张达民相比，显然唐季珊更能让她依靠。

前任张织云写信提醒她说："你看到我，就可以看到你的明天，唐季珊不是一个好男人。"

阮玲玉此时根本就听不进去，一头扎进了唐季珊的怀抱。两人同居后没多久，唐季珊就暴露出了花花公子的本性，他开始勾搭其他女明星，稍不如意就殴打阮玲玉出气，有时甚至把她关在小洋楼外，那可是他们热恋时他为她买的。

走投无路的张达民成了他们感情恶化的催化剂，他多次向阮玲玉要钱，还威胁她要向报纸说出她是用人女儿的身世。唐季珊追求女明星，本来图的就是面子上风光，她的出身让他觉得颜面扫地，他不仅不帮她，还变本加厉地责骂她。

这里要插叙阮玲玉碰到的第三个男人蔡楚生。

蔡楚生是20世纪30年代的著名导演，曾导演过《渔光曲》，和阮玲玉合作过电影《新女性》。一个是才华横溢的导演，一个是妩媚明艳的女演员，两人在片场中惺惺相惜，产生了微妙的情愫。

阮玲玉这时厌烦了张达民的纠缠不休，对唐季珊的薄情也感到失望，于是转而向蔡楚生发出求救的信号，希望他能带自己远走高飞。但对她表示过好感的蔡楚生这时却沉默了，一来他已有妻室，二来他害怕接受阮玲玉会影响自己的事业。

感情上不如意，事业也迎来了考验。当时电影逐渐从默片转向有声电影,而阮玲玉的广东口音对她来说是个障碍。如果不是被感情所误,以她的聪敏,她未必不能学一口流利的普通话。

一次又一次的失望,终于将阮玲玉推入了绝望的境地。在那幢曾经带给她无限风光的小洋楼里,她吞下了大把的安眠药。

在公之于众的遗书里,这位悲情女星如此写道:"我一死何足惜,不过,还是怕人言可畏,人言可畏罢了。"

"人言可畏"一时成了20世纪30年代的热词,连文豪鲁迅都忍不住拿起笔来,写了一篇名叫《论"人言可畏"》的雄文。

真相也许比人言更可畏。据说这份遗书其实是唐季珊和情妇梁赛珍伪造的,后来梁赛珍迫于良心上的压力,交出了真正的遗书。在这份遗书中,阮玲玉谴责说:

"季珊,没有你迷恋梁赛珍,没有你那晚打我,今晚又打我,我大约不会这样做吧!

"我死之后,将来一定会有人说你是玩弄女性的恶魔,更加要说我是没有灵魂的女性,但,那时,我不在人世了,你自己去受吧!

"过去的织云,今日的我,明日是谁,我想你自己知道了就是。"

尽管如此,她还是选择相信他,把收养的女儿和母亲都托付给他。她不知道的是,在她吞服安眠药之后,唐季珊为了避免事情暴露,不敢把她送去附近的医院,而是特意绕道将她送往日本人的诊所就诊。如果救治及时,她或许不会离世的。她如花的生命,竟然比不上他对舆论的顾忌,就这样一点点在颠沛的路上慢慢丧失了。

阮玲玉这样一个风情万种的女子，遇到的男人居然都如此薄情。张达民的无赖、唐季珊的花心、蔡楚生的怯懦，形成一股合力将她逼到了绝路。这让人不得不承认一个残酷的事实：即使你美貌如花，即使你名满天下，即使你赢了全世界，也未必能获得美好的爱情。

也许正因如此，人们对薄命的阮玲玉总是抱有一种深切的同情，和她有关的书籍、电影也层出不穷，其中最出色的传记片当属关锦鹏拍的《阮玲玉》。

阮玲玉的扮演者是香港演员张曼玉，凭借此片，她一举夺得了好几个影后。

20世纪90年代的张曼玉，饰演30年代的阮玲玉，她们名字中都有一个"玉"字，从影和情感经历也有几分相似。

张曼玉刚出道的时候，也是演"花瓶"，在早期影片中，她小脸肥嘟嘟的，笑起来露出两颗可爱的虎牙，饰演的也多是清纯无害的小白兔形象，就像亦舒点评女明星时常说的"美则美矣，毫无灵魂"。正是从《旺角卡门》《阮玲玉》等一系列影片开始，她才脱胎换骨，演技越来越成熟，慢慢奠定了在广大影迷心中的女神形象。

女神张曼玉的情路看似比阮玲玉的还要坎坷，她交往过的男人远远不止三位，众多男友中，对她好的廖廖无几，倒是负心薄幸的占了大多数。

阮玲玉遇到的那些困境，诸如被出卖、被要挟、被劈腿，张曼玉据说也都遇到过，有的还不止一次。同样是遇人不淑，同样是情路坎坷，为何阮玲玉自杀了，张曼玉却活得好端端的？她前几年还在草莓音乐节上玩了一把摇滚，大有越活越嗨的趋势。

首先当然是因为时代不同了。我们这个年代，阮玲玉畏惧的那些流言，已根本不算什么了。即使是再恶毒一万倍的诋毁，也有女明星豪气地宣称：万箭穿心，习惯就好。

最重要的还是她们对待感情的态度不一样。阮玲玉试图在爱情中寻找安全感，以她当时的身家，完全可以喊出：我不需要嫁豪门，我就是豪门。可是她偏偏习惯性地在感情上依赖男人，以至于在爱情上遭遇不幸就全盘崩溃。她人生悲剧的由来，就像电影《阮玲玉》的主题曲中所唱的，"是贪点依赖贪一点爱""千不该万不该，芳华怕孤单"。

同样视爱情为生命的张曼玉，把每段爱情都当成一次体验，并不计较感情中的得失，旁人看她是屡战屡败，她自己却说："我经历过N段感情，每一次都是很快乐的，都有美好的回忆，所以我不认为自己是感情失败者，也不觉得这一次经验就一定会影响下一次恋爱。"

阮玲玉这一生，"可畏"的东西太多了，她怕自己所谓"卑贱"的身世会被世人知晓，怕得不到舆论的同情，怕适应不了有声电影，更怕得不到男人的爱。

她在电影中扮演了那么多勇于反抗的"新女性"，有人形容她扮演的角色"坐上桌子就是反抗，抽烟也是反抗，整个的姿态都是反抗"。可是戏里的反抗一点也没有延伸到戏外，在真实人生里，她仍然是一个彻头彻尾的"旧女性"。

阮玲玉的故事告诉我们，男人往往是靠不住的。张曼玉的故事则告诉我们，即使男人都靠不住，至少我们还有自己。

"四十岁了，学会了对生活感激。回头看看，我真的没有恨过什么人，昨天的我，造就了今天的我，而今天的我，才能有明天的我。"

这是曼玉女神在四十岁时说的话，我多么想穿越回20世纪30年代，把这段"女神语录"送给那个对未来充满惶恐的阮玲玉。

胡蝶：蝴蝶飞过了沧海

如果非要选择一个美女作为民国女子的形象代言人，那么我会选胡蝶。

作为民国时期最有名气的"电影皇后"，胡蝶演的那些电影现在已经很少有人看过了，人们对她的印象，多半来自民国时的美人月历牌和化妆品广告。

胡蝶的长相，就像古典小说中所描写的那样，面似银盆，目如水杏，各式海报里，她侧头微笑，露出两个甜甜的酒窝，端庄得如同从《红楼梦》里走出来的宝姐姐。

按照现在的眼光来看，胡蝶长相并不完美，毕竟，她脸盘子太大了，和我们这个时代推崇的锥子脸完全不一样。可在那个年代，胡蝶的银盘脸和招牌小酒窝是上海滩美女的模板，连她身上穿的旗袍，戴的首饰，都会引起大众跟风。

胡兰成形容张爱玲，曾经引用《水浒传》中描写女娲娘娘的四个字,说她长得"正大仙容"。胡蝶的外貌,也可以用"正大仙容"来形容。

"正大仙容"的胡蝶,在当时的上海电影界是当之无愧的皇后。

如今人们总是把阮玲玉和胡蝶相比,实际上在20世纪30年代的上海电影界,阮玲玉是没办法和胡蝶抢风头的,两人同演一部戏时,阮玲玉常常是演胡蝶的配角,论片酬,胡蝶一部戏也比阮玲玉多好几倍。

二人的差距在1933年的那场"电影皇后"评选中表现得尤其明显。

当时,《明星日报》为拉动销量,发起了"电影皇后"的评选,最终,胡蝶以21334票当选"电影皇后",阮玲玉只得到第三名。可以看出,胡蝶比阮玲玉的观众缘好得多,毕竟,广大市民更喜欢她这种讨喜的长相。

这次评选堪称电影界最早的PK。据八卦爱好者考证,评选过程中,胡蝶所在的明星公司不惜花钱去购买报纸,有"拉票"的嫌疑,阮玲玉所在的联华公司则顺其自然。当时没有经纪人,公司就是明星的经纪人,如果前面的说法是真的,那么胡蝶的经纪人比阮玲玉的经纪人要给力多了:经纪人不就是该全力捧明星嘛,如果要比谁更清高,还在名利场混什么混。

这一场没有硝烟的战争以胡蝶完胜告终,奠定了她一生的江湖地位。

胡蝶的优点在于清醒自知，尽管被评为"电影皇后"，她还是不止一次说，论演技，她是比不过阮玲玉的。

阮玲玉天资出众，演谁像谁，胡蝶自知没有那样的天赋，她之所以能成为电影界最耀眼的明星，是靠努力的追求和出色的情商。

胡蝶是那种从小就知道自己要什么的人，很小的时候，她就立志要做演员。十六岁那年，上海中华电影学校招生，她闻讯前去投考。考试前，她想给自己取一个别致的艺名，一开始想叫胡琴，转念一想，胡琴岂不是整天让人拉来拉去吗？于是想到了"胡蝶"两个字。对她来说，这次改名真是神来之笔，她原来的名字胡瑞华也太朴实了一点，哪像胡蝶这样飘逸动人。也许是因为这个名字的帮助，她顺利考上了电影学校，成为首期训练班学员，毕业后顺利进入影坛。

她对演艺事业有着清晰的规划，出道之初原本是在天一公司，但因天一的影片太过商业化，娱乐性多于艺术性，且多数影片停留在宣扬旧道德的水平，不合时尚潮流，虽拥有一定的观众，但不能引起观众回味和思考，所以她毅然跳槽去了明星公司。

照理说，按照胡蝶的美貌程度，去演戏拼脸就可以了，可她偏偏还要拼才华。

胡蝶的勤奋在当时是出了名的。她还在学校念书时，考虑到以后演戏也许要开车，就找了辆出租车，付双倍的价钱让人家教她，用几天时间就掌握了。她在哪里生活，就向当地人学方言，为日后演戏做准备。她还曾去北京拜梅兰芳为师学京剧，同时练习普通话。配音的时候,她在录音室里一待就是好几个小时。

正因有了这些积累,当电影从默片时代进入有声片时代时,以前红极一时的张织云、阮玲玉都因为广东口音慌了神,只有胡蝶能够转型成功,一举担当中国首部有声电影《歌女红牡丹》的女主角,上映后盛况空前。这个时候的胡蝶,正如一朵宫妆绝艳的红牡丹,傲视影坛,无人能与之争艳。

以演艺事业来比较,阮玲玉是个纯粹的演员,演起戏来有股不管不顾的热情,拍戏时为了坚持自己的想法,不惜顶撞导演。胡蝶呢,则非常听导演的话,在片场以"听话"著称,深得电影公司老总的赏识,也相当懂得经营自己,并不甘心只当个华丽的花瓶。

结果呢,阮玲玉的演技令众人称道,胡蝶则成了红透半边天的明星。艺术这条路,主要还是靠天赋,上天待阮玲玉并不薄,给了她极高的天分,可惜的是,她最终还是为情所累。

与阮玲玉相比,胡蝶深谙"功夫在戏外"的道理,擅长和各色人物打交道,积累了广阔的人脉。和胡蝶打过交道的人,几乎没有人说她坏话,连大才子张恨水都夸奖她:"为人落落大方,一洗女儿之态。性格深沉,机警爽利,如与红楼人物相比拟,则十之五六若宝钗,十之二三若袭人,十之一二若晴雯。"

也许是为人太深沉机警了,导致感情不外露,她扮演的那些角色,终究还是不如阮玲玉有感染力。

都说人生如戏，大美人胡蝶的情史，拍出来绝对比她演过的任何一部电影都更有戏剧性，而且是时下最流行的"霸道总裁爱上我"式的虐恋，虐得荡气回肠，虐得狗血淋漓。

胡蝶本人结婚很早，先后有过两次婚姻，第一任丈夫是和她合作拍戏的男演员林雪怀，第二任丈夫是商人潘有声。尽管已有夫婿，并不妨碍粉丝们对她的追求，其中有两个重量级的粉丝不得不提。

一个是风流少帅张学良。

没错，就是那个和赵四小姐上演了感天动地爱情剧的主角张学良，这位少帅自称"平生无憾事，唯一爱女人"，晚年在回忆录中坦承曾有过十一位情人。他和胡蝶，也曾是民国年间娱乐头条的男女主角。

1931年上海的《时事新报》上，登出了马君武所作的《哀沈阳》二首，诗中说：

赵四风流朱五狂，翩翩蝴蝶最当行，
温柔乡是英雄冢，那管东师入沈阳。

告急军书夜半来，开场弦管又相催。
沈阳已陷休回顾，更抱佳人舞几回。

赵四，自然是指为了张学良闹私奔的赵一荻；朱五，则是指梁思成、林徽因服务的中国营造学社社长朱启钤膝下排行第五的女公子朱湄筠；翩翩蝴蝶，则是红极一时的"电影皇后"胡蝶了。

当时，九一八事变发生没多久，东北三省沦陷在日本铁蹄之下，据诗中所写，就在事变当晚，东北统帅正搂着三个千娇百媚的美人在舞场寻欢。此诗一出，舆论哗然，气愤的市民甚至赶到片场声讨胡蝶"红颜祸国"。

事后有不少人为张学良辩解，依照这位少帅的纨绔作风，罔顾国事流连舞场倒不是不可能，只是胡蝶有点冤枉，她和张学良，也就是普通的偶像和粉丝关系，照她的说法连面也没见过。按说当时张学良正和赵四小姐热恋，未必能腾出手来追求别的女人。马君武的诗，有可能误伤了胡蝶。

女明星们特别容易成为流言的受害者，面对流言，阮玲玉留下遗书后撒手人寰；胡蝶呢，承受过比阮玲玉恶毒一百倍的流言，却选择了辟谣和隐忍。直到许多年后，她在回忆录中轻描淡写地说："我并不大在乎，如果我对每个传言都那么认真，我也就无法生存下去了。"

人言可畏？那要看你对流言的态度如何了。你越在乎，它的杀伤力就越大；你不拿它当回事，它就不是个事。

另一个重量级的粉丝是特务头子戴笠。

这次不是绯闻，而是货真价实的情史。

据说戴笠是个好色之徒，但如果光看他对胡蝶的用情，简直称得上是一大情种。

遇到戴笠时，胡蝶已经三十多岁，且是两子之母，任她如何风华绝代，这个时候也已经有了红颜渐老的迹象。

他们相逢在乱世。

胡蝶半生苦心经营，一共积攒了三十箱珠宝，为了逃避与日本人合作，她将三十箱珠宝托人运往内地，谁料在半路丢失。她为此大病一场，四处求人。

这个时候，霸道军统戴笠华丽登场了，他是她的骨灰级粉丝，熟谙她的每一部电影，正愁无处献殷勤，没想到美人求上了门来。

为博美人欢心，戴笠派人全力搜寻，后来丢失的珠宝并没有被全部追回，戴笠于是自掏腰包，买了一批相同的珠宝放进去，足足凑齐了三十箱。

当这三十箱珠宝呈现在胡蝶面前时，她心中恐怕不会毫无波澜，箱子里的珠宝显然不是她的，但款式更新，价值更高。这样的形势，已经容不得她拒绝，她不动声色地接受了这些珠宝，连同戴笠对她的情意。

机警如胡蝶，难道看不出戴笠对她的居心吗？只怕未必，只是她一开始没想到戴笠对她用情如此之深，也没想到自己付出的代价如此之大。

在重庆的杨家山公馆，他们同居了三年，这段日子，通常被描述成胡蝶被"幽禁"的岁月。这三年间，她的丈夫被戴笠一纸通行令打发到滇缅边境去做生意了。

不管是同居还是幽禁，总之戴笠对胡蝶好到了极点。她嫌公馆的窗户小,他马上派人在公馆前修了个别墅;她吃的水果,是他派人从印度空运过来的,比杨贵妃当年吃的荔枝还金贵;她怕闷,他就在别墅里修了一个大花园,还亲自设计,在斜坡上用石块镶成了"囍"和"寿"两个大字,空隙处栽上各种奇花异草。据说,仅花卉和树木一项,就花去了法币一万多元。

这么一个杀人不眨眼的盖世魔头,为了她居然化为绕指柔。都说粉丝和偶像接触多了容易有幻灭感,他却始终拿她当女神,哪怕她早已走下神坛。他为了她,遣散了身边所有的女子,还对她说:"我今生最大的心愿,是与你正式结为夫妻……为了你,我什么都可以不要。"

难怪小姑娘们那么喜欢看"霸道总裁爱上我"的虐恋小说,从戴笠和胡蝶的故事就可以看出,霸道男人的铁腕柔情,确实是难以抵挡的。

正当戴笠准备正式迎娶胡蝶时,他因飞机失事遇难,胡蝶也走出了他为她精心建造的别墅,回到了丈夫潘有声的身旁。

其实我很想知道,如果没有飞机失事,她是不是就会心甘情愿地嫁给戴笠?同床共枕的三年间,她待他就没有一丝情意吗?没办法,虐恋小说看多了,总会往这个方向设想。

被囚禁的人往往会得斯德哥尔摩综合征,对施虐者产生类似爱情的依恋。可胡蝶呢,好像没有一点症状,据说潘有声曾被迫同意与她解除婚姻关系,胡蝶却向他哭诉说:"姓戴的只能霸占我的身体,却霸占不了我的心。有声,我的心永远属于你。"

纵然世界上人人都爱霸道总裁，胡蝶却是那个例外，她是真爱她平凡的丈夫。战后，他们迁居香港，一起经营一家暖水瓶厂，专门生产蝴蝶牌暖水瓶。丈夫去世后，她息影十年，并改名"潘宝娟"，"潘"是对亡夫的纪念，"宝娟"则是她儿时的乳名。

八十一岁时，她因心脏病发在温哥华病逝，临终时留下一句话："胡（蝴）蝶要飞走了！"

都说蝴蝶飞不过沧海，而她这只胡蝶，竟然穿过了流言和厄运，飞过了命运的沧海。海那么大，她却从来没有迷失方向。

美丽，并不一定意味着脆弱。

潘玉良：长得不漂亮，那就努力活得丰盛

我知道潘玉良，是因为看了李嘉欣主演的《画魂》，那里面的李美人照例木木的，也照例美得石破天惊。在此之前，扮演过潘玉良的还有巩俐，也是难得一见的大美人。于是我形成了对潘玉良的初步印象：一个长得很美却命运多舛的女画家。

后来看到潘玉良的自画像，我不禁大吃一惊，画中的潘玉良身材壮硕、五官粗放，看上去一点都不美，恕我直言：不仅不美，还有点丑。我还以为是我的审美出了问题，出于好奇去查了些资料，结果资料上显示，不少见过潘玉良本人的人都说她长得一点都不好看，据熟识她的人说，她是个又矮又胖、长着一个狮子鼻并且嘴唇很厚的丑女人。

真实的潘玉良远比影视剧里那个美得惊人的潘玉良更有震撼力。谁都不能否定，美貌是女人天生的通行证。这更加增加了我对潘玉良的好奇，一个完全不漂亮的女人，究竟是以什么力量完

成了从雏妓到侍妾再到画家的三级跳的呢？

潘玉良的人生，就是一部现成的电影剧本，难怪导演们如此钟情拍她的故事。

她本名陈秀清，后改名张玉良，自幼父母双亡，只好跟着舅舅生活。舅舅有次赌输了，于是把年仅十三岁的她卖到了安徽芜湖的一家妓院。无奈入风尘，这完全不是她的错，后来却被居心不良的人当成了攻击她的理由。

由于长得不出挑，她在妓院做烧火丫头，干的是又粗又累的活。鸨母逼她接客，她誓死不从，一次次从妓院中逃跑出来，又一次次被捉回去毒打，中间她还试图跳水、上吊，均因看管过严而未遂。

十七岁时，走投无路的她在妓院里唱歌，歌声如泣如诉，引起了一个人的注意，那就是芜湖海关监督潘赞化。潘赞化在日本早稻田大学留过洋，是个新派人物，他被眼前这个可怜而又刚烈的女子所打动，决定为她赎身。

纵然以现在的眼光来考量，潘赞化也是一个胸襟开阔、有情有义的好男人。从古至今，"救风尘"的英雄豪杰并不少，可是救的都是清一色的美人，只有潘赞化，伸手援助的是一个长得一丁点也不漂亮的小姑娘，而且这姑娘脾气还挺大的。将潘玉良塑造成一个倾国倾城的大美人，无疑削弱了潘赞化的人格魅力。

潘赞化帮助小玉良主要是出于同情，纯属义举，并无一分一毫的私心，他本来想将她送回亲戚家，但她主动提出，想留在他身旁，哪怕做一个贴身小丫头也行。

以他的襟怀，自然不会让她做个小丫头，于是收了她做妾室。他待她是很珍重的，虽然是纳妾，也办了正式的结婚仪式，证婚人正是他的莫逆之交，大名鼎鼎的陈独秀。

在收她之前，他没有动过要她报答的心思；在收她之后，他则竭尽全力地呵护她。他亲自教她识字，还请来老师教她画画。他对她，没有一丝一毫看轻，知道她受过太多的苦，所以加倍地怜惜她。

正是因为这份恩义，潘玉良始终对潘赞化感念不已，她毅然将自己的姓改成了"潘"，在自己的名字之前冠以他的姓氏，因为他不仅给了她婚姻，更给了她重生的机会。她这样一个没念过什么书、十几岁才开始学画画的人，居然在老师的调教下展现出了惊人的绘画天赋。

如果按照旧式小说的发展，嫁给潘赞化的潘玉良应该温良恭谨，夫唱妇随。可是她偏偏不愿意只做个温顺的小妾，她要画画！她不是在家里画几笔自娱，而是跑出去到处求学，先是考上了上海美术专科学校，后来索性远渡重洋跑到了巴黎。

画画也就罢了，陆小曼也画，潘素也画，连宋美龄都要画几笔国画呢。她们画画，只是当成怡情养性的手段，画的也大多是清雅的花鸟山水。潘玉良呢，不画则已，一画就画起了人体，这在当时，是冒天下之大不韪的。

在潘玉良习画的那个年代，政府是不允许人们画裸体的，她就趁去浴室洗澡时偷偷地画，有次差点被一个大胖女人打出来。回到家里，她对着镜子，忽然想到：我自己不就是很好的模特吗？想到这里，她就脱掉衣服，对着镜子开始画镜中的自己。

除了画人体，她在日常言行中也不拘小节。一次和同学外出写生时，潘玉良到雷峰塔墙圈里小便，这时一群男同学过来了，女同学喊潘玉良快出来。潘玉良蹲在里面说："谁怕他们！他们管得着我撒尿吗？"

人一特立独行，就容易成为众矢之的。有人挖掘出潘玉良曾为雏妓的"艳史"，一名女同学甚至要求退学，"誓不与妓女同校"。

只有潘赞化，仍然一如既往地支持她、包容她，在获悉她的困境后拿出钱来资助她去法国留学。

潘玉良在法国考上了里昂国立美术专科学校，与徐悲鸿同校，专攻油画。她在留学近九个年头后回国，一度在老师刘海粟创办的美院当教授，并且出版画册，举办展览。即便如此，人们并没有停止对她的攻击和诋毁。在她举办的一次画展上，展出了一幅优秀的人体习作《人力壮士》，某一天被人贴了一个纸条，上面写着："妓女对嫖客的颂歌。"

我总觉得，对于曾经有过所谓"污点"的人，人们表面上再尊敬，骨子里仍然很有优越感，仿佛是因为他们的包容，那些人才能摆脱身上的污点获得重生。可是潘玉良这个人呢，好像完全不把在妓院待过当成"污点",她理直气壮地画人体,理直气壮地当教授,理直气壮地办画展,一点也不畏缩,一点也不收敛,这就惹怒了当时的社会主流。

连潘赞化的大太太也看不过眼,跑到上海来将她叫回家,无比威严地宣布:"不要以为你在外面当了教授,就可以和我平起平坐了。在这个家里,我永远是大的,你永远是小的!"

既然险恶逼仄的环境容不下她,那就走吧,去一个更远更大、没有流言的地方。1937年,四十二岁的潘玉良再次去国离乡,潘赞化依旧送她到黄浦江码头,他将蔡锷送给他的怀表送给爱人作为临别纪念。这一去就是四十年,直至老死,她再也没有回过中国。

这四十年间,她和潘赞化从来没有中断过联系。潘赞化常常给她寄宣纸,还托人给她带去国内的物品。

"遐路思难行,异域一雁声。露从今夜白,月是故乡明……"这是多年后,潘玉良给潘赞化写下的一首相思之诗。当时中法尚未建交,潘赞化过世两年后,潘玉良才从别人口中得知他去世的消息,悲痛欲绝。

既然如此,为何潘玉良不回国呢?我觉得不是她不爱潘赞化,而是她更爱绘画。她不是那种可以用生命去恋爱的女人,却是可以用生命去画画的女人。

在巴黎时,潘玉良自称"三不女人":不谈恋爱,不加入外国籍，不依附画廊拍卖作品。她终日待在一个窄小的阁楼里，全心投入画画。由于不善经营，她日子过得很苦，身体又不好，以至于老年时期只能靠一点救济金过日子。

老了之后，她比年轻时更加不好看了，有人说她唱京剧中的黑头连妆都不用化。一个女性朋友去探访她，她披着大衣站在窗口迎接，有人说她看起来就像一只大猩猩。

这时她的生命中出现了第二个男人。他叫王守义，是早年去法国勤工俭学的留学生，开了一家中餐馆。文化水平不高的王守义，却立誓要将所挣钱财资助留学生中的艺术家们。他一直资助潘玉良，潘玉良有空的时候，也会去他餐馆坐坐，唱一段京剧。

就是这个男人，给了潘玉良在异国他乡唯一的一点温暖。他不仅仅是在生活上照顾她，还帮她接洽画商，保管画作，至今我们所见到的几千件潘玉良画作，都是他不惜重金、费尽千辛万苦从法国运回中国的。为了这份恩情，潘玉良为王守义做了一个雕塑，至死都摆放在她的卧室里。

对潘玉良来说，一个潘赞化，一个王守义，都是渡她的人。潘赞化成就了她，王守义则守护着她。身为女子，潘玉良不幸生得不好看，又不幸生于恶浊之世，浊浪滔天中，幸而有他们用温情撑起的一叶小舟，送她一程又一程。

潘玉良终生都以潘赞化的妾室自居，虽然后期和王守义同居过也依然如此。在异乡漂泊了四十年后，潘玉良在贫病交加中去世，临终时向守在她旁边的王守义交代了三个遗言：第一，她去世后要为她换上一套旗袍，因为她是中国人；第二，将她一直随身携带的镶有她跟潘赞化结婚照的项链和潘赞化送给她的临别礼物怀表交给潘家后代；第三，一定要把她的作品带回祖国。

王守义不负所托，倾力完成了她的遗愿。就在她去世之后不久，他也因恶疾去世，朋友们把他葬进了潘玉良的墓穴，这两个异乡人，总算在去世后可以一起抵御漂泊在外的孤寂了。

与电影中的浪漫故事相比，潘玉良的真实人生，总是透露着一股凄凉和苦涩。很多人提起这位民国最知名的女画家来，不免为她感到唏嘘。以世俗的观念来看，她生前可能是一个失败者，没有美貌，没什么朋友，没有钱，最后连健康都失去了。她的后半生，多半和贫病纠缠在一起。

而这一切，只不过缘于她热爱画画。如果她不选择画画，或者画风不那么大胆的话，她原本可以留在国内，生活在爱人的羽翼之下，过着安稳的生活。如果可以重来，她还会这么选择吗？

直到我看了毛姆的《月亮和六便士》之后才明白，潘玉良和毛姆笔下的思特里克兰德是一类人。思特里克兰德原本是个证券经纪人，家庭美满，生活安定，有一天却突然抛妻弃子离家出走，最后自我放逐去了太平洋的一个小岛。别人质问他为何放着好好的日子不过，非得这样折腾，他回答说："我必须画画，就像溺水的人必须挣扎。"

被梦想击中的人其实是没有选择的，思特里克兰德如此，潘玉良也是如此。她唯有迎着梦想一步步走上去，哪怕噩运与之相随，哪怕通往的只是虚无。作为一个女人，潘玉良经历了太多的不幸；作为一个艺术家，她却是幸运的——她发掘了自己的天赋，并把这天赋发挥到了极致。任她如何颠沛流离、贫病交加，那都是她甘愿承受的一部分，在一生追求的事业上，她始终走在一条向上的路上。

她身后留下来的画作有四千多张，生前画过的作品远远超过这个数目。在与爱人分离的日子里，在巴黎狭小的阁楼里，在第二次世界大战的战火中，她每天都投入地画着，将自己整个生命融入了眼前的人体和花卉中。她画得最多的，还是各种各样的女体，这些女体丰硕饱满到了极致，宛如地母一样健壮，和她本人一样，谈不上美，可满身充沛的生命力仿佛要破纸而出。

2012年，杭州曾经举办过一次潘玉良的画展，主题名叫《彼岸》。我觉得这仿佛是对潘玉良一生的隐喻：此岸是现实人生，风雨飘摇，却有着俗世的幸福；彼岸是艺术圣境，高蹈出尘，却又寂寞清冷。我们这些抵达不了彼岸的人，只能遥望着那端的她，轻叹一声：高处不胜寒哪！

董竹君：挥别错的，才能和对的相逢

对身陷风尘的女子来说，从良是个技术活，考验的是眼力和胆识。

从良成功了，就能像柳如是、潘素一样，从此佳人伴名士，收获的不仅是一段美满姻缘，还有脱胎换骨的自己；从良失败了，轻则像"秦淮八艳"中的寇白门一样，嫁人之后又得回来重操旧业，重则像所托非人的杜十娘，只能带着百宝箱一起跳江了。

1915年，上海长三堂子中的十五岁姑娘董竹君，来到了人生的十字路口——要么在堂子里迎来送往，继续当她的红牌姑娘，等着某个豪阔的客人一掷千金购买她的初夜权；要么就趁着还没失身，赶紧为自己觅一个良婿。

自从两年前被迫于生计的父亲以三百大洋卖给长三堂子后，她已经在堂子里当了两年的"清倌人"，卖艺不卖身。董竹君十四岁时的一帧玉照中,她的刘海梳成剪刀式,衬着很清丽的一张脸。长得好,歌喉也出众,她在堂子里倒没有吃过太多苦,老鸨精心培育着她,等着她长大后能成为一棵摇钱树。

随着时间的流逝,董竹君出落得越发俏丽,心里的焦虑也日益加重,她必须赶在还没有接客时觅一个可托付之人。因为从来不笑,她得了一个"冷西施"的外号,但冷艳并没有赶走追逐她的客人,反而让她更加受欢迎了。

她的石榴裙下拜倒着两类人:一类是偎红倚翠的公子哥儿,一类是意气风发的革命青年。毫无疑问,对小姑娘来说,革命青年远比公子哥儿更有吸引力。因为"革命"这个词,意味着青春、热血和一个崭新的世界。

她在这些革命青年中一眼相中了夏之时。夏之时生得高大英俊,早年在日本留过学,喜欢纵论国家大事,这些看在董竹君的眼里,就给他镀上了一层闪闪发光的金边。两个热血男女凑在一起,不谈风月,只论革命。她渐渐拿他当作心目中的英雄,而她自己,当然就是爱英雄的美女了。闲时揽镜自照,她不无自负地想:"以我的相貌是应当配一个爱国英雄的。"

可以说董竹君眼光还是不错的,那时能够嫁给夏之时已经是她最好的选择了。人为境遇所限,只有尽可能地做出在当时当地最好的选择。

除了有双慧眼,她还胆识过人。夏之时豪放多金,给她赎身本来不是问题,可是董竹君不愿意,觉得这样就落了下风,日后会被人轻贱。经过深思熟虑，她提出了三个条件：

第一，明媒正娶，不做小老婆；

第二，婚后送她到日本求学，将来从日本回来后，组织一个好的家庭，她管家务，夏管国家大事；

第三，不要别人赎她，她要自己跳出火坑。

这就是典型的董竹君做派，自尊自爱，绝不露出轻浮和攀援的姿态。她说到做到，在堂子里开始装病推客，瞒过了精明的老鸨。一个月光明亮的夜晚，她卸下钗环，逃出了长三堂子，跑到了夏之时的居所。

走之前，她把身上所戴的首饰全部除了下来，也许在她看来，那些首饰代表着过往，除下它们，就是和黑暗的过往挥别。月光下，她大步奔向了一个全新的世界，就像历史上著名的红拂一样，"临去朗然，不学儿女淫奔之态"。

二人东渡去了日本。

她果真迎来了新生，得益于她选中的那个男人。夏之时当时待她还是不错的，送她去东京女子高等师范学校念书，让她和朋友们交际应酬，甚至请人给她改了一个新名字。民国很多出色的女子都有过改名的经历，端庄的蒋棠珍改成了别致的蒋碧薇，平凡的胡瑞华改成了飘逸的胡蝶，可以说，这样一改，就起到了点石成金的作用。

董竹君原名董毛媛，夏之时请来一位四川人夏斧教她读书认字，就是这位夏老师，给她取了个名字叫"董篁"，字"竹君"。自此，董毛媛就成了董竹君。这个名字改得真是恰如其分，董竹君这个名字，特别切合她本人的气质，她就像竹子一样，温柔坚韧，且有力量。

可惜，夏之时并不需要一个竹子一般坚韧的妻子，他想要的，只是一株习惯于攀援的凌霄花，以依附的姿态和艳丽的花容，来装饰他的英雄梦。

他的疑心病和大男子主义时不时发作。董竹君每每听到随风传来的凄风苦雨般的箫声，必倚窗久久出神。夏之时因此怀疑她跟外面哪个小伙子有染，经常大声呵斥她，有时候话还说得特别难听。

他有事回四川，临行前，给了董竹君一把枪，叫她防贼；还要求她若是做了对不起他的事，则用它自杀。他还要求当时在上海南洋中学读书的四弟马上去日本陪二嫂读书，无非是为了监视她的一举一动，以免她获得自由就红杏出墙。

他爱一个人的方式，就是完完全全地占有她。这种方式让董竹君感到窒息，回忆起这段经历，她在自传中写道："我从窗前回过身来，正对着穿衣镜，镜中一位少女婷婷玉立，双目炯炯。雪白、细嫩、红润的皮肤多么美呀！但你的神情又多么烦闷不悦呀！你的丈夫并非是理想中的那个多情温柔的英雄，而是一位严厉的师长。'君须怜我，我怜君！'"

不是英雄也就罢了，最怕的是以英雄自居而偏偏不得志。他们从日本回国后，夏之时被解除了兵权，一下子像被人抽掉了脊梁一样，整日沉迷于麻将牌桌，还染上了鸦片瘾，嫌董竹君只给他生了女儿。

对于濒危的婚姻，董竹君想过要挽救。她尽心伺候公婆，赢得了一家大小的认可，她还开了一家黄包车公司，后来又办了一间袜厂。她做这一切，除证明自己的才华之外，无外乎是为了挽回丈夫的心。

但她不知道，这个时候，她的才华对夏之时来说简直是一种莫大的讽刺。他只想拉着她在沉沦的路上一起下坠，没想到她居然不屈不挠地要追求向上的生活。她越是努力，他就越暴戾，以前那个风流多情的革命青年，居然将拳头对准了娇弱的妻子。在成都时，他就曾因不准女儿去读书而向她拔枪；到了上海，有次争吵时他甚至抡起菜刀要砍她。

董竹君无论如何也想不通，曾经宠她爱她的丈夫怎么会变成这般模样。如果她能够读到易卜生的《玩偶之家》，想必会恍然大悟，原来自己和娜拉一样，只不过是丈夫手里的玩偶。

如果换了别的女子，也许会忍声吞气地活下去。毕竟，在这段婚姻里，她已付出太多的成本，夏之时就是看死了她，一个女人，没有家世，没有背景，还拖着四个小女儿，能够走到哪里去呢？鲁迅就曾在《娜拉走后怎样》一文中说："娜拉或者也实在只有两条路：不是堕落，就是回来。"吃准了这点，夏之时轻蔑地对她说："如果你能带着孩子活下去，我手板心煎鱼给你吃！"

前路茫茫，未来怎么样，我想董竹君心里也未必有底气。可她还是毅然选择了和夏之时离婚，这次出走，比起十五岁那年从堂子里逃出来更为冒险，更加决绝，也更加前途莫测。这时她已经三十四岁了，韶华将逝，还有老父老母和四个女儿要照顾。她不像张幼仪，有显赫的娘家人可依靠，她所能依靠的，只有她这双手。

作为一个老是忧惧未来的人，我真是挺佩服董竹君的。人们之所以害怕未来，是担心埋伏着太多未知的风险，有时宁愿一错到底。董竹君的可贵之处在于，知道现在的婚姻是错的，那就忍痛挥别，哪怕未来再凶险难测，也要先和眼前的泥泞生活一刀两断。这样的人，人生随时可以推翻重来，即使把她按到泥泞里，她也会在泥泞中开出馨香的花来。

离婚后的董竹君，度过了一段窘迫的生活。离婚头几年，她去得最多的就是典当行。当完贵重衣物之后，迫于生计，她把大女儿心爱的大提琴都当了出去，她异常伤感地想，不能这样下去了，一定要让日子好起来。

她的创业之路也并不那么顺利，之前办的黄包车公司和袜厂都不算成功，离婚后她又办了一家小规模的群益纱管厂。为了拉投资，她还特意跑到菲律宾去招回了一万元股资，结果没过多久，抗日战争爆发，纱管厂毁于纷飞战火中。再加上母亲去世，父亲病重，生活把她逼到了绝路上。

换成稍微柔弱一点的女人，可能早就嚷嚷着"我的人生被毁掉了"。可是如果你真正坚韧勇敢，人生根本就没那么容易被毁掉。经历了一次又一次挫败，董竹君咬紧牙关继续创业，这一次在贵人的指点下，她在上海开办了锦江川菜馆。

为什么叫"锦江"这个名字？董竹君在自传中说："薛涛和我有相似的命运——同是青楼沦落人，所不同者我是卖唱而已。把我对她的同情和怀念寓意于'锦江'，又有何不可？从字面上讲，'锦江'两字还象征着未来川菜烹饪艺术有如四川锦缎一样著名，并随长江东流入海，远播重洋异国，这些就是我命名餐馆为'锦江'的动机。"她真是个坦荡的女子，对于自己曾在青楼卖唱的出身从不避讳。

董竹君具有一流的经商头脑，锦江在她的经营下，成了一家文化气息浓厚的川菜馆。红木雕刻宫灯、意大利雕塑、张大千丛竹画、郎静山摄影、郭沫若书法……都汇聚在这家规模并不大的川菜馆中。最重要的品牌标志，是绘在碗碟上的竹叶。竹，就是她董竹君的图腾。

人生永远没有太晚的开始，属于董竹君的辉煌，终于到了。

锦江火了，火得一塌糊涂，卓别林访问中国时，曾在这里品尝了香酥鸭子，连杜月笙、黄金荣、张啸林，以及当时南京政府要人和上海军政界人物来吃饭也得等上很久。

董竹君也成了传说中"黑白通吃"的老板娘，为了使锦江的布局更加雅致，她找人搭建天桥将前后堂连接起来，这在当时属于违章施工。董竹君果断地先斩后奏，天桥建成后才请杜月笙帮忙。在杜月笙的支持下，锦江扩容成功，名气也更上一层楼。

锦江是董竹君一生事业的高潮，后来她创办报刊，支持革命，捐出餐馆，都只不过是这段高潮的尾声而已。这次，她是真的开创出了一个全新的世界，不是靠男人，而是靠自己，她后来一直没有再结婚。而她的前夫夏之时，则在1950年被误杀。

晚年时，董竹君还经历过牢狱之灾，在狱中她学习蒲松龄，将污墙幻化为仙画，她和女儿们就做优哉游哉的画中人，又将肥皂放在床头，皂香袅袅，祛除污浊的空气。

她有惊无险地活到了九十七岁，中央电视台《东方时空》曾采访她，问及她百年人生的感受，董竹君安详地回答："我认为人生必然要经过许多的坎坷磨难，对它一定要随遇而安。"

一代文豪郭沫若多次欲为她代写回忆录，她以"无可称道"来婉拒。晚年，她在回忆录《我的一个世纪》中说："我从不因被曲解而改变初衷，不因冷落而怀疑信念，亦不因年迈而放慢脚步。"

这样的话，由别人来说可能是"鸡汤"，而从董竹君的口里说出来却格外有说服力，至今仍掷地有声。

你还在害怕未知的改变吗？其实根本无须害怕，未来可能有莫测的风险，更可能有未知的美好。董竹君的故事告诉我们，只有挥别错的，才能和对的相逢。这个对的，不一定指对的人，更是指对的生活。

丁玲：多血质文艺女青年

在我们的文学史教科书里，丁玲是以左翼作家的身份被介绍的，早年的我对她实在没啥感觉，也没有兴趣去看《太阳照在桑干河上》。直到电影《黄金时代》上映时，我才发现给我印象最深的不是汤唯饰演的萧红，而是郝蕾饰演的丁玲，真是敞亮爽朗，出镜不过几次，却叫人过目不忘。

其实，早年间的丁玲，可是典型的文艺女青年。

有一类文艺女青年特别作，"作"在这里不是个贬义词，而是指特别能折腾，丁玲显然就应归于此类"作"型女文青的范畴。如今女文青们玩的那一套，丁玲早就玩过了，而且比现在的人招数高多了。

早在20世纪20年代末期，曾有一部前卫的作品《莎菲女士的日记》，作者就是丁玲。文学教科书中是把这部作品当作经典来介绍的，可我少女时代读这本书，硬是读得心中小鹿乱撞，不信你看看下面的段落：

> 那嘴唇，那眉梢，那眼角，那指尖……多无意识，这并不是一个人所应需的，我着魔了，会想到那上面。

> 我了解我自己，不过是一个女性十足的女人，女人只把心思放到她要征服的男人们身上。我要占有他，我要他无条件的献上他的心，跪着求我赐给他的吻呢。

> 当他单独在我面前时，我觑着那脸庞，聆着那音乐般的声音，心便在忍受那感情的鞭打！为什么不扑过去吻他的嘴唇，他的眉梢，他的……无论什么地方？

这样的文字，现在来看当然不算什么了，可那会儿年纪小，还很纯情，一读之下就脸红心跳，暗自诧异丁玲怎么如此沉迷于身体的欲望。可以想象，这样一篇描写女性性苦闷与性欲望的小说，在20世纪20年代的文坛一亮相，会是怎样地惊世骇俗。

丁玲是湖南人，湖南人素来以霸蛮、血性著称，如果按照希波克拉底的"体液学说"来分类，估计湖南人多数都属于多血质。多血质的优点是热情、活泼、乐于接受新鲜事物，缺点则是情感易变、体验不深刻。丁玲就是多血质的代表人物，上述优点和缺点在她身上都一样明显。多血质的热情冲动成就了她，多血质的浅露易变则阻碍了她在文学上取得更高的成就。

作为一枚多血质文艺女青年，丁玲的情感之路堪称彪悍。这是她的天性所致，多血质天生欲望强烈，她没办法像抑郁质或者黏液质的姑娘那样，过着波澜不惊、清心寡欲的生活。

当今女文青们奉为圭臬的几种情感模式，身为女文青祖师奶奶的丁玲都尝试过。

波伏娃和萨特，以及她的女学生，三个人长期住在一起，听起来很奇葩吧。其实三人行的样本不用去法国找，我们中国就不乏先例，说起来，丁玲比波伏娃更牛，她才是三人行的绝对主角，一个女人公然和两个男人同居。

20世纪20年代，在风景如画的西子湖畔，丁玲和两个男人同居了。西湖是浪漫爱情的多发地点，传说中，许仙就曾和一青一白两条蛇在此居住。据说每个男人都盼望着生命中能有两个女人：一个是白蛇，一个是青蛇。李碧华则说，每个女人也希望生命中有两个男人：一个是许仙，一个是法海。

丁玲的生命中恰好就同时遇到了这样两个男人，第一个是胡也频，他大她一岁，对她来说，他就像李碧华笔下的许仙一样，是个"依依挽手，细细画眉的美少年"，给她讲最好听的话语来熨帖心灵。

遇见胡也频时，丁玲正是最落魄的时候。她当时没有一点名气，独自漂泊在北京，跟着人学画画。想过做明星，未遂；想过当画家，又未遂；给文坛大咖鲁迅写信，不知为何，竟然毫无回音。望前路，一片迷茫。恰在这时，她最疼爱的弟弟夭亡了。新认识的胡也频对她一见钟情，于是用纸盒装满黄色玫瑰，附上字条："你一个新的弟弟所献。"

心烦意乱的丁玲对这番好意并不感冒，不情不愿地结束了北漂生活，回到了老家常德。没想到的是，胡也频竟然借朋友的钱追到了常德。等他出现在丁玲的面前，已经身无分文，蓬头垢面。

都说女人需要仰望才快乐，对于这样的"新弟弟"，丁玲也许有些感动，却并无多少爱慕之情。他们回到北京后很快同居，据说是因为当时有关他们的绯闻已经满天飞，敢作敢当的丁玲心一横，索性坐实了这个虚名。

在北京香山的碧云寺下，他们的日子过得平静而诗意。空闲的时候，就一起携手看云看山看星星，再困苦也并不觉得艰难。日后，丁玲回忆起这段岁月时说："我不否认，我是爱他的，不过我们开始，那时我们真太小，我们像一切小孩般好像用爱情做游戏，我们造做出一些苦恼，我们非常高兴的就玩在一起了。"

这样的过家家式生活，丁玲并不满足，她需要的是更加强烈、更加具有冲击力的爱情，所以冯雪峰的出现就顺理成章了，就像电影里的歌唱的那样：渴望一个笑容，期待一阵春风，你就刚刚好经过。不是因为有了冯雪峰，丁玲才会心猿意马，而是因为她早有期待才爱上了冯雪峰。

冯雪峰对于丁玲的意义还是很重大的，他是个文学青年，梦想就是做中国的雪莱，正是在他的影响下，丁玲才开始写作。她的代表作《梦珂》与《莎菲女士的日记》，正是这段时期写出来的，让她在文坛一举成名，影响力很快超过了以《繁星》《春水》知名的冰心。

冯雪峰有"湖畔诗人"之名，丁玲对他的第一印象并不好，因为他长得不好看，衣着打扮像个乡下人。但很快，她就被这个男人的博学和谈吐吸引住了，与胡也频相比，冯雪峰显然成熟稳重多了。如果说胡也频是许仙，冯雪峰对丁玲来说就相当于法海，是"用尽千方百计博他偶一欢心的金漆神像，生世伫候他稍假词色，仰之弥高"。

胡也频曾经用来融化丁玲的一腔热情，她转而用到了冯雪峰身上。冯雪峰和她纠缠了一段时间，之后就理智地抽身去了上海，他前脚刚走，丁玲后脚就追到了上海，胡也频不甘示弱，也跟着追到了上海。

丁玲放不下胡也频，又不愿舍弃冯雪峰，于是提出了一个奇葩的要求：三个人可以一起生活吗？更奇葩的是，胡也频和冯雪峰居然答应了，真是两枚奇男子啊！

于是，在美丽的西湖畔，丁玲同时拥有了许仙和法海。当然，据说丁玲还是只和胡也频过夜，和冯雪峰则保持着纯洁的柏拉图关系。

即便是这样，胡也频也受不了了，没过多久就离开杭州跑回了上海，向丁玲的老乡兼好友沈从文倾诉，沈从文鼓励他不要轻易放弃心中所爱。打了鸡血的胡也频再次回到杭州，向丁玲表明了他坚定的立场。

情感上的三人行，必不能久。最后是冯雪峰撑不住了，黯然神伤地选择了离开。

得不到的总是最好的，丁玲曾经给冯雪峰写过一封不曾寄出的信，在信中，她说："我常常想你，我常常感到不够，在和也频的许多接吻中，我常常想着要有一个是你的就好了。我常常想能再睡在你怀里一次，你的手放在我心上。唉，怎么得再来个会晤呢？我要见你，只要一分钟就够了。"

这封信让我深深地怀疑，她和冯雪峰之间真的是纯洁的男女关系吗？总之，不管纯洁与否，他们的这段故事总算翻篇了，之后尽管丁玲念念不忘，冯雪峰却再没有回头。

丁玲和胡也频的故事结束得更加惨烈。冯雪峰走了之后，他们过了一段相濡以沫的平静时光，一起投身于革命，这期间丁玲还生下了一个小男孩。但这一切随着胡也频被国民党枪毙画上了句号，他当时年仅二十八岁。

这对丁玲的冲击不言而喻，后来记者在访问陪伴丁玲走过近半个世纪的丈夫陈明时问："您认为影响丁玲的最大事件，发生在1933年还是1955年？"陈明果断地答复："不是50年代，后来的都是小事了。是30年代，胡也频牺牲了，她坐牢了。"

三人行的故事说完了，下面要说说姐弟恋。当四十六岁的伊能静嫁给三十六岁的秦昊时，人们纷纷为这段年龄相差十岁的姐弟恋而惊叹。其实十岁的年龄差距根本算不了什么，丁玲的姐弟恋，对象是小她十三岁的陈明。

在遇到陈明之前，丁玲还结过一次婚，和一个叫冯达的男人。对于这次婚姻，丁玲是后悔的。丁玲后来这样回忆冯达："这是一个陌生人，我一点也不了解他，他用一种平稳的生活态度来帮助我。他没有热，也没有光，也不能吸引我，但他不吓唬我，不惊动我……他不爱多说话，也不恭维人……没有傲气，也不自卑。"

就是这样一个平平淡淡的男人，却有涉嫌出卖丁玲的嫌疑。丁玲一度受冯达牵连入狱，出狱后，两人再无联系。

经历了一段段坎坷的感情后，丁玲已经三十多岁了，成了大龄文艺女青年。在延安的一次晚会上，她遇到了小她十三岁的陈明，也许是这个青春勃发的男生让她看到了当年胡也频的影子，晚会后，两人开始过从甚密。

不同的是，这次是丁玲主动追求陈明。陈明在回忆录中说："那是在一个小饭馆里，我们坐在炕上，我说：主任，你也应该有个终身伴侣了。丁玲反问我：我们两个行不行呢？我听了吓了一跳。事后，我在日记中写道：让这种关系从此结束吧！她看到后，说：我们才刚刚开始，干吗要结束呢？"

两人相爱后，一时流言蜚语满天飞，迫于压力，陈明曾经娶了另外一个女人，可他还是放不下丁玲，最终选择了和妻子离婚。

1942年2月，三十八岁的丁玲与二十五岁的陈明在周围的嘲讽和挖苦声中正式结婚。出乎那些嘲讽者意料的是，这段婚姻一直持续到丁玲去世。他们的感情经历了很多次考验，在"文革"中两人被关进牛棚，还约定一不能死，二不能疯。

结婚四十四年，陈明一直陪伴着她，给予她温暖。丁玲晚年说："如果没有他，我是不可能活到今天的；如果没有他，我即使能活到今天，也是不可能继续写出作品来的。"

都说湘女多情，丁玲就是这样一个多情的湘女。她活了多久，就作了多久，生命不息，折腾不止。其实多情也好、作也好，都是生命力充沛的表现，像她这样的多血质性格，是不能容许自己的生活像一潭死水的，她终生都保持着蓬勃的生机和充溢的激情。

在感情上，丁玲尽管爱过不止一次，可除冯达外，她对每段感情都全身心投入。她说，她最记念的是也频，最怀念的是雪峰，最爱的则是陈明。

在她去世前的某一天，她听着街上一阵紧似一阵的鞭炮声，感叹地说了一句："雪峰就是这个时候死的。"

她在生命的最后时刻，还不忘对陈明说："你再亲亲我，我是爱你的。"

在事业上，不管是写作还是革命，她都投以火一般的激情。令人惋惜的是，以她的才华，原本可以写出更加出色的作品来。

事到如今，我们唯有在《莎菲女士的日记》里认识丁玲的早期面目了，那时候，她还是个彻头彻尾的女文青，满腔文艺情怀。哪里能想到，丁玲居然有一天能成为为革命献身的"武将军"呢。毛泽东赠丁玲诗中有这样一句："昨日文小姐，今天武将军。"

汤国梨：章太炎的"药"

征婚启事想必大家现在已经不觉稀奇了，在民国那会儿可还是十分时髦的新兴事物，从国学大师到烟花女子都登过征婚启事。

民国男子对配偶的要求如何？来看看1931年7月6日上海《民国时报》一个青年男子的征婚广告：我所希望于女子者，约有十项：一、要有清洁的嗜好和能力；二、要有概括的眼光和学识；三、要有缜密而周到的心思；四、要有充量而素养的情感；五、要有治家的兴趣和能力；六、不要眼光势利；七、不要自我太强；八、不要太无意见；九、不要见人羞怯；十、不要态度虚浮。

民国女子对理想配偶的条件也不少，《民国日报》同日刊登的一则女子征婚启事是这样的：一、面貌俊秀，中段（等）身材，望之若庄严，亲之甚和蔼；二、学不在博而在有专长；三、高尚的人格；四、丰姿潇洒，身体壮健，精神饱满，服饰洁朴；五、对于女子情爱，专而不滥，诚而不欺；六、经济有相当的独立；七、没有烟酒等不良的嗜好；八、有创造的思想，和保守的能力。

"自维陋质，少堕烟花。柳絮萍轻，长途浪遥。茫茫恨海，谁是知音？黯黯情天，未逢侠士。孽缘已满，凤债堪偿。"文笔很雅致是不是？其实这出自香港妓女黄雪花之手，她年方廿一，才貌双全，厌弃烟花生涯，生出从良意愿，所以特登报以求有识君子来赎身。

不光是妓女，军人也征婚，觅偶的条件颇具时代气息："余二十七岁。现中校职，世界主义之泛东方者。欲聘精通英文，具有姿色，富革命思想，长政治、外交，不尚虚荣，年在十七上、二十五岁下者为内助。"

近代中国出现的第一批征婚广告里，就有一代国学大师章太炎登出的一则。1912年，他在北京《顺天时报》登载了一则征婚广告，内容如下："一、以湖北籍女子为限；二、要文理通顺，能作短篇文字；三、要大家闺秀；四、要出身于学校，双方平等自由，互相尊敬，保持美德；五、反对缠足女子，丈夫死后，可以再嫁，夫妇不和，可以离婚。"他开诚布公地谈及自己的理想配偶："人之娶妻当饭吃，我之娶妻当药用。两湖人甚佳，安徽人次之，最不适合者为北方女子，广东女子言语不通，如外国人，那是最不敢当的。"

章太炎人称"章疯子"，鲁迅、黄侃、周作人等人都是他的弟子。他虽然是饱学宿儒，却以特立独行闻名，口无遮拦，经常骂大人物，时人称之为"民国之祢衡"，他听后却说："祢衡怎么能跟我比？"慈禧七十大寿，章太炎写下一副对联以示讽刺，上联是"今日到南苑，明日到北海，何日再到古长安？叹黎民膏血全枯，只为一人歌庆有"，下联是"五十割琉球，六十割台湾，而今又割东三省，痛赤县邦圻益蹙，每逢万寿祝疆无"，一时被广为传诵。

章太炎满腹经纶，生活中却不修边幅，衣服常年不换洗，积满污垢，一年四季，手里总握着一把团扇。据说，他在日本避难三年多，从未换洗过衣服，以至于"养松鼠于袖中"。

这样一位"疯男子"，须得有一位"奇女子"才能与之匹配。章太炎后来娶的夫人汤国梨，就是这样一位奇女子。她出身小康，诗文娴熟，虽不是章理想中的两湖人，但会鄂语，对章来说，算得上是理想配偶了。

汤国梨是浙江乌镇人，自幼聪慧好学，尤其喜好诗文，年轻时曾作诗一首描写乌镇农村的景色："春水鸭头绿，夕阳牛背红。无风炊烟直，摇出小桥东。"此诗颇有唐人遗韵，婚后章太炎听儿子章导念这首诗，竟然疑心这是汤国梨从哪儿抄来的。

汤国梨幼时念过私塾，二十三岁时受革命新思潮影响，入上海务本女校读书，在学校结识张謇之女张敬庄、张通典之女张默君等，几个女学生常在一起纵论天下大事，颇有男儿气概。汤国梨自小缠足，但上体育课时不甘示弱，忍痛和那些天足女孩一起锻炼，由此可见她性格的倔强。

在务本女校，汤国梨有"皇后"的美名，一是因为她容貌娇美，在同学中属于佼佼者；二是因为她才高气傲，展现出惊人的文学天赋。对于追求她的男青年，她基本是看不上眼的，还赋诗一首以抒怀。诗云：

> 兴酣落笔书无法，酒后狂歌不择腔，
> 一任旁人窥冷眼，自扶残醉倚晴窗。

这种狂狷作派，倒是和她后来的夫婿章太炎有些相似。可能是由于心气太高，汤国梨一直独身到三十岁，在此过程中，她的身份已经由女学生变成了吴兴女校的女教师、女校长，并参与筹建"女子北伐队"，担任《神州女报》的编辑，可以算得上中国女权运动的先驱了。

章太炎和汤国梨相识，并不是通过征婚广告，而是通过媒人牵线。汤国梨的同窗好友张默君受父亲所托，将章太炎写给她的一封信转交到她手里。面对章太炎的示好，汤国梨是有所犹豫的，她曾自陈："关于择配章太炎，对一个女青年来说，有几点是不合要求的。一是其貌不扬，二是年龄太大（比我长十三岁[①]），三是很穷。可是他为了革命，在清王朝统治时即剪辫明志，以后为革

[①] 另有版本为十五岁，实际章太炎生于1869年，汤国梨生于1883年，两人相差十四岁。——编者注

命坐牢,办《民报》宣传革命,其精神骨气与渊博学问却非庸庸碌碌者所可企及。我想婚后可以在学问上随时向他讨教,便同意了婚事。"

那时的章太炎确实穷得离谱,连给女方做聘礼的"四金"都拿不出来,只得将黎元洪当初赠送的开国纪念金章一枚,以及友人资助购买的金戒、金镯、金锁,凑成四件信物,送给了汤国梨。

章、汤二人的婚礼轰动一时,当时他们在上海哈同花园举行婚礼。婚礼当天,汤国梨不穿礼服穿便服,章太炎穿着不知从哪儿找来的一身怪衣(据称是明代服装),戴着一顶奇高无比的大礼帽,司仪喊三鞠躬时,大礼帽落在地上两次,惹得前来喝喜酒的嘉宾哄堂大笑,连孙中山都笑到合不拢嘴。

婚礼上还得有些余兴节目,名士配佳人,免不了有好事者撺掇他们即席作诗,章太炎当即吟诗一首:"吾生虽稊米,亦知天地宽。振衣涉高冈,招君云之端。"

汤国梨则吟诵了自己的一首旧作《隐居》:"生来澹泊习蓬门,书剑携将隐小邨。留有形骸随遇适,更无怀抱向人喧。消磨壮志余肝胆,谢绝尘缘慰梦魂。回首旧游烦恼地,可怜几辈尚争存。"

这场婚礼,称得上民国最早的"新式婚宴",与章太炎此前登的征婚广告相映成趣,此君确实算得上一个开风气之先的人物。

章太炎本着"娶妻当药用"的目的,成功抱得美人归。汤国梨确实是一味良药,在她的呵护和管束下,"章疯子"的疯气收敛了不少,个人面貌和日常生活也焕然一新。

此前章太炎号称三个月才洗一次澡,娶了汤国梨后,夫人常嘱咐随从随时为他换洗衣服,有了夫人的旨意,随从有恃无恐,常采用强迫手段令他换洗。这样一来,国学大师终于不再以蓬头垢面的形象示众了。

章太炎对于喜欢吃的东西会一口气吃光。一次,杭州昭庆寺的方丈带给他一筐杭州有名的"方柿",章太炎一口气吃了六个,汤国梨赶紧制止了他,不然他会将整筐都吃完。没有汤国梨的悉心照料,这位大学问家未必能活那么长。

嫁给一个满心扑在革命上的人是很辛苦的。婚后不到一个月,"二次革命"爆发,以革命为重的章太炎北上讨袁,自此遭袁世凯软禁达三年之久。汤国梨向章氏族人求救,得到的答复是太炎先生已被开除族籍。她此时显示出了女中丈夫的本色,一方面频繁去信安慰章太炎,另一方面也积极给徐世昌、黎元洪等当政要人写信,多方设计营救章太炎。在给徐世昌的一封信里,她写道:"外子好谈得失,罔知忌讳,语或轻发,心实无他。自古文人积习,好与势逆,处境愈困,发言愈狂……若不幸而遭殒,生命诚若鸿毛,特恐道路传闻,人人短气,转为大总统盛德之累耳!"

话语中柔中带刺,言外有意,使袁世凯一直投鼠忌器,未敢对章太炎下毒手。

章太炎软禁期间,忧愤交加,曾经多次绝食,最长一次绝食长达半月之久。漫长的三年里，他每隔十天半月就要给新婚妻子写封家书，正是汤国梨的回信，给了他支撑下去的勇气。他在家书中说："汤夫人左右，槁饿半月，仅食四餐，而竟不能就毙，盖情丝未断，绝食亦无死法。"

那么又是什么支撑着汤国梨独自在家侍奉婆母、营救夫君的？想必也是那一缕挣不脱斩不断的情丝吧。

搞笑的是，多年后，汤国梨问章太炎，绝食多日是什么滋味，章太炎摇着头说："头晕得很哪！"

袁世凯死后，章太炎终于被释放，夫妻得以团圆。儿子章导出生时，章太炎一如继往地忙于国事，天天"集议孙公邸中"商议护法大计，后来竟不辞而别，随孙中山登舰南下，赴广州宣布成立护法军政府，孙中山任护法军大元帅，章太炎任护法军秘书长。直到这些消息在报上披露时，汤国梨方知丈夫出走了，她感慨地说了句："他真是有国无家！"尽管如此，她还是独自挑起了抚养幼儿的重担，默默守候着丈夫归来。

东北沦亡后，章太炎对政治渐渐感到失望，于是带着汤国梨在苏州定居下来，他创办了"章氏国学讲习会"，汤国梨担任了讲习会教务长，两人开始成为事业上的"夫妻档"。之后二十多年里，两人一直夫唱妇随，风雨同舟。章太炎是个大学问家，但要以办事能力论，是不如夫人汤国梨的，"章氏国学讲习会"的日常事务，都是她在打理，章太炎的学生对这位师母都毕恭毕敬。像黄侃，为人出了名的狂傲，汤国梨曾当面指责他太过好色，用欺骗手段玩弄女性，事后又弃之不顾，"小有才适足以济其奸"。黄侃只好老实地听着，不敢顶撞师母。

章太炎对这位夫人也是服膺的，据薛慧山记载，章太炎狂狷，但有一个人，却能使他软化，那便是他的太太汤国梨女士。他在大发疯劲、滔滔不绝的时候，只要汤女士娇嗔一声，他便点头微笑不再出声了。一物制一物，似天造地设。

章太炎喜用生僻字，汤国梨曾劝他，革命的宣传对象首先是农民，然后是工人，再是普通城市平民，所以文章越通俗，作用越大。章太炎听后说："你的意见我不反对。"

章太炎于1936年病逝，治丧时，汤国梨拒绝覆盖国民党的青天白日旗，坚持用红、黄、蓝、白、黑五色共和旗安葬，因为五色共和旗是由章太炎建议孙中山使用的，后期国民党政府才改成青天白日旗。

在章太炎去世后，汤国梨创办了太炎文学院，整理出版了《章太炎全集》。临解放时，她拒绝去台湾，选择留在大陆。"文革"中遭受冲击，她仍认定《章太炎全集》要抓紧出版。

汤国梨一直活了九十八岁，直到晚年，她对中国传统文化仍保持着眷恋和自信，曾在给孙儿章念驰的家书中说："你读诗最好古体诗，勿读近代的一些缠绵歌泣的作品，即使学到手，其格甚卑，而枉费精神。"她九十岁以后，还在灯下为儿子做衣服。当后辈向她请教做人的原则时，她回答说："用耐苦耐烦和宠辱不惊，足矣!"

汤国梨的一生,正如她在晚年诗作《春蚕》中所说:

> 春蚕不肯无情死,吐尽丝还化蝶来。
> 历劫红尘终不悟,此生只合化成灰。[1]

---

[1] 此诗后两句另有版本为:"历尽红尘终不悟,此身只合化成灰。"——编者注

冰心：枯枝，在地上纵横地写满了相思

读着《小橘灯》长大的小读者们，可能很少有人知道，他们敬爱的冰心奶奶也是写过情诗的。

那是一个冬夜，在美国韦尔斯利女子大学读书的冰心收到吴文藻一封充满着思念之情的信后，在孤寂的宿舍里念不进书，她就披上大衣，走下楼去，想到图书馆人多的地方，不料在楼外的雪地上看见满地枯枝纵横，像是写着"相思"两字，于是就有了她满怀深情的那首小诗《相思》：

躲开相思，
披上裘儿
　　走出灯明人静的屋子。

小径里明月相窥，

枯枝——

在雪地上，

又纵横的写遍了相思。

汉字真是很有趣的，"相"字右边的"目"字和"思"字上面的"田"字，都是横平竖直的，所以雪地上的枯枝会构成"相思"两字。若是用弯弯曲曲的英文字母，就写不出来了。

只有满腹相思的人，才会看到地上的枯枝，就联想起"相思"二字吧。就像张爱玲在文章中所说的那样：听到一些事，明明不相干的，也会在心中拐几个弯想到你。

冰心到底是矜持的，即使在热恋之中，也没有把这首情诗寄给吴文藻，只是后来和一个外国朋友聊起中国诗词时，才提到自己写过这首诗。

都说文如其人，其实有时文风也会折射出命运的样子，你是什么样的性格，就会写出什么样的文章，从而预示出你拥有什么样的命运。

如张爱玲的文章，冷静犀利，刻画世相入木三分，可见作者的眼光何其毒辣。张爱玲一受情伤就早早看破红尘，在她那些清冷的文字里，早埋下了半生孤寂的伏笔。

冰心的诗歌和散文，就像她的名字一样，晶莹澄澈，温婉雅致，读起来让人如沐春风。这样的诗文，可能思想上并不是那么有深度，却处处给人以美的感受。就像冰心其人一样，生得不算特别美，可气质娴静端庄，虽然不惊艳，看上去却很舒服。

尽管后世的读者是因为《小橘灯》《寄小读者》等一系列文章才熟悉冰心的，可实际上她是以诗歌敲开文坛的大门的。她成名非常早，二十出头就凭着《繁星》《春水》扬名诗坛，诗风类似于泰戈尔，引起无数学诗者竞相模仿。

成名太早，名气太大，难免会引来非议。同样是知名女作家，苏青和张爱玲就很瞧不上冰心，张爱玲曾经说："把我和冰心、白薇她们来比较，我实在不能引以为荣……"苏青曾刻薄地攻击冰心的长相，说："从前看冰心的诗和文章，觉得很美丽，后来看到她的照片，原来非常难看，又想到她在作品中常卖弄她的女性美，就没有兴趣再读她的文章了。"

张爱玲和苏青为什么不喜欢冰心？有人解释这是因为她们嫉妒冰心生活得太过幸福，这样理解未免太过偏颇了。照我看来，她们之所以将矛头对准了冰心，可能是因为冰心不管是为人还是作文，都迥异于她们。简单来说，大家根本不是一路人，当然互相看不惯。

将冰心和张爱玲来对比是很有意思的，她们一个是身居要职的海军军官的千金，一个是没落的旧式贵族的小姐；一个平易近人，一个高傲清冷；一个至死都保持着一颗童心，一个却年纪轻轻就有了个老灵魂。她们出身、性格、成长背景都大不一样，这也决定了她们不同的人生观。

张爱玲可以说是个彻头彻尾的悲观主义者，将人性的阴暗面刻画得入木三分，读她的小说，像是走进了一个旧式老宅里，寂寂的流年，深深的庭院，感觉是那样荒凉。冰心则是个温情脉脉的乐观主义者，母爱、童心和大自然是她诗文中永恒不变的主题，令人想起黑暗中那盏小橘灯来，让人觉得眼前似乎有无限光明。张爱玲复杂，冰心单纯。单纯的人也许写不出太过深刻的作品，却往往是有福之人。

"有了爱就有了一切"，这是冰心信奉终生的人生哲学。有这样的人生观并不奇怪，因为她一生都生活在爱之中，爱对她来说就像阳光和空气，须臾不曾离开过她。

冰心原名谢婉莹，出生在福建长乐。她的父亲是一名海军军官，她随父迁往烟台，在大海边长大。父母都很疼她，童年时的冰心是被当成男孩一样养大的，父亲带着她在海边骑马、打枪、堆沙堡，任由她玩得满身都是沙子，从来没有呵斥过她，就这样慢慢将爱的种子播到了她的心中。童年是一个人一生的底色，如果说张爱玲的人生底色是灰色的，那么冰心的人生底色就是白色的，光明洞彻的白色。

冰心的成名也称得上一帆风顺，二十出头的冰心，刚步入文坛就一鸣惊人。她写的诗歌引领了文坛风潮，被称为"繁星体""春水体"。以"冰心"作为笔名，正是取"一片冰心在玉壶"之意，这个笔名，恰恰和她纯净的心地最为匹配。

年轻时的冰心看上去有些冷冷的，初相识的人总觉得她好像要拒人于千里之外，如果用八个字来形容冰心的气质，那大概就是"穆如清风，静若止水"。她虽然写诗，却并不是那种生性浪漫的女诗人，而是静穆持重，略有些严肃的。

和很多绯闻缠身的民国女作家不同，冰心是个感情上有些洁癖的人，推崇的是"一生只爱一个人"。她不希望嫁一个传统意义上的才子，因为她觉得才子多数性情浪漫，感情也不稳固，她觉得自己就是个平凡的人，只求拥有凡人的幸福，她曾说："我们的朋友里有不少文艺界的人，其中有些人都很'风流'，对于钦慕他们的女读者，常常表示了很随便和不严肃的态度和行为。"

正因为反感文人们自诩风流的行为，她才写了那篇著名的《我们太太的客厅》。文中的"我们太太"是一个受男人环绕、爱出风头的女人，围绕在她身边的是一大群诗人、哲学家、画家、科学家等。文章发表后，好事者立即将文中诸人与林徽因、徐志摩、金岳霖等人一一对号入座。冰心晚年却辩解说，其实"我们太太"的原型是陆小曼。

不管原型是林徽因还是陆小曼，有一点无可置疑的就是冰心确实讨厌文中的那种太太。在她看来，对待感情的态度理应严肃慎重，哪能如此随随便便呢？

这篇文章显示了冰心性格的另一面，她曾经说自己我喜爱玫瑰花，因为"她有坚硬的刺，浓艳淡香都掩不住她独特的风骨"。她这朵白玫瑰，尽管玉洁冰清、与世无争，偶尔露出坚硬的刺来，也是能扎疼人的。

冰心对待爱情如此认真，我们就不难理解，她为何终生都保持了"零绯闻"。她选择的丈夫吴文藻，也是个从不拈花惹草的人，他们将一生的爱都封存起来，珍重地交给了对方。他们之间没有跌宕起伏，不算荡气回肠，却在平淡相守中，给予了彼此一辈子的温暖。

他们的爱情，始于邮轮上的一次"错遇"。

1923年8月17日，他们两人碰巧同乘美国邮轮"杰克逊总统"号赴美留学。冰心在贝满女中的同学吴搂梅事前已自费赴美，来信让她在船上找自己的弟弟，也就是清华大学（当时称清华学校）的留美学生吴卓。上船第二天，冰心请燕京同学许地山代寻吴卓，许却阴错阳差地找来了吴文藻。此时冰心正和燕京同学玩丢沙袋游戏，只好将错就错地请吴文藻参加。

清华毕业的吴文藻是个高傲的人，同船的女同学形容他"个子高高的，走路都扬着头，也不理睬人"，据说人家给他介绍过好几位女朋友，他一个也相不上。

果然，才一见面，这个仪表堂堂又十分高傲的小伙子，就狠狠挫了冰心的傲气。

两人倚在栏杆上闲聊，吴文藻问冰心将在美国学习什么专业，冰心回答说学文学，并说想选读一些有关19世纪英国诗人的课程，吴文藻就列举了几本著名的英、美评论家评论拜伦和雪莱的著作，问冰心是否读过，冰心略显尴尬地回答没有。

吴文藻相当严肃地告诫她："你如果不趁在国外的时间，多看一些课外的书，那么这次到美国就算是白来了！"

这话深深地刺痛了冰心，要知道，当时在船上相识的人，一般都听过她的大名，见面无不说"久仰久仰"，像吴文藻这样初次见面就坦率进言的，还是第一个。冰心不是那种小心眼的女孩子，很快把他当成了人生中第一个诤友、畏友。

吴文藻这次去美国，攻读的是社会学，他虽然爱好文学，却并无文艺圈男人常有的"风流"，这让冰心见他第一面，就留下了很好的印象。

到了美国后，令冰心想不到的是，在船上杀了她威风的吴文藻开始频频给她寄书。很多年以后，她仍然记得当初的每一个细节。

她说，这个骄傲的小伙子每隔几天便给她寄一本文艺杂志。又过了一段时间，他在杂志里面夹了一张小条。再过些天，小条变成了宽条，都是用英文书写得整整齐齐的。再过若干时候，他写来了信，投来了情书。

就在书信来往中，两颗高傲的心慢慢贴近了，他们都不知不觉做了爱情的俘虏，只是一时还没有挑开那层遮掩在上面的薄纱。

留学期间，梁实秋等人组织大家演出戏剧《琵琶记》，冰心在戏中扮演牛小姐，她高兴极了，给吴文藻寄了一张入场券。没想到吴文藻这时有点怯场，推说功课忙去不了。到了演出那天，冰心满意地看到，他还是来了，还在观戏后和几个男同学一起去探望了她。

同年夏天,冰心独自到伊萨卡的康奈尔大学补习法文,却发现吴文藻也去了,同样也是补习法文。这到底是巧合,还是他刻意接近她?这些都不为人知了。人们知道的只是,在康奈尔期间,他们已经确定了恋爱关系。冰心在文中称自己和吴文藻成了"画中人""诗中人"。在这如诗如画的人间仙境中,他们每当求学之余便结伴在林中散步,在曲径通幽处拍照留影,吴文藻在一次湖上划船时,向冰心表明了心迹。

各自回到自己的学校后,他们写信更频繁了,吴文藻寄给冰心一盒很讲究的信纸,上面印有冰心姓名的英文字母缩写。

冰心离美回国前,吴文藻给她父母写了一封长信,并附了一张相片,叫冰心带回给她父母。他希望通过这封情真意切的信说服冰心父母,同意将冰心许配给他。

这封信先以"道可道,非常道;名可名,非常名",论述爱的哲学意义,稍露对冰心的爱慕之意。信中他赞美冰心"是一位新思想旧道德兼备的完人"。她的婚恋观,如宗教般神圣;而他自己也表明,"爱了一个人,即永久不改变",即为不朽的爱了。

信中,吴文藻无比真诚地说:"我自知德薄能鲜,原不该钟情于令爱。可是爱美是人之常情。我心眼的视线,早已被她的人格的美所吸引。我激发的心灵,早已向她的精神的美求寄托。……我由敬佩而恋慕,由恋慕而挚爱,由挚爱而求婚,这其间却是满蕴着真诚。"

冰心的父母，本来就是开明的人，爱女心切的他们感受到了吴文藻的一片赤诚，很快答应了他们的婚事。

双亲同意后，吴文藻和冰心在燕京大学的未名湖畔临湖轩举行了简单的婚礼，招待客人费用仅为三四十元。新婚之夜在北平西郊大觉寺一间空房里度过，临时洞房除去自己带着的两张帆布床外，只有一张三条腿的小方桌——另一个角是用碎砖垫起来的。

人们都说，婚姻是爱情的坟墓，可冰心却说："婚姻不是爱情的坟墓，而是更亲密的灵肉合一的爱情的开始。"

吴文藻是个专注于事业的人，冰心总是用"拙口笨舌"来形容他。她曾撰文称：

"说起我和文藻，真是'隔行如隔山'，他整天在书房里埋头写些什么，和学生们滔滔不绝地谈些什么，我都不知道。……（他的）这篇将近九千字的自传里讲的是：他自有生以来，进的什么学校、读的什么功课、从哪位教师受业、写的什么文章、交的什么朋友……提到我的地方，只有两处：我们何时相识，何时结婚，短短的几句！"

可见吴文藻是颇有几分呆气的，这个书呆子，在婚后还闹了几次笑话。

冰心留美期间，曾给父母寄回两张照片。冰心母亲去世后，吴文藻便从岳丈那里要来那张大的，摆在自己书桌上。冰心问："你真的每天要看一眼呢，还只是一件摆设？"吴答："我当然每天要看了。"有一天吴文藻上课去了，冰心将影星阮玲玉的照片换进相框里。过了几天，吴文藻没有理会，冰心提醒他看看相框里的照片，他看了才笑着把相片换了下来，说："你何必开这样的玩笑？"

还有一次是一个阳光灿烂的春日上午，一家人都在楼前赏花，婆母让冰心把吴文藻从书房里叫出来。他出来站在丁香树前目光茫然地问："这是什么花？"冰心忍笑回答："这是香丁。"他点了点头说："呵，香丁。"大家听了都大笑起来。

又有一次，吴文藻随冰心去城内看岳父，冰心让他上街为孩子买点心萨其马。由于孩子平时不会说全名，一般只说"马"。吴文藻到了点心铺，也只说买"马"。

冰心还曾让吴文藻买一件双丝葛的夹袍面子送父亲，他到绸布店却说要买羽毛纱。幸亏那个店平日和谢家有往来，就打电话问冰心："您要买一丈多羽毛纱做什么？"谢家人听后都大笑起来。冰心只好说："他真是个傻姑爷！"冰心父亲笑道："这傻姑爷可不是我替你挑的！"

吴文藻有次请清华校长、西南联大校常务委员会主席梅贻琦等老清华人到他家度周末。冰心就将吴文藻闹的那些笑话写成一首宝塔诗，取笑"傻姑爷"之所以如此，实在是出自清华的教育，诗曰：

马
香丁

> 羽毛纱
> 样样都差
> 傻姑爷到家
> 说起真是笑话
> 教育原来在清华

梅贻琦笑着在后面加了两句：

> 冰心女士眼力不佳
> 书呆子怎配得交际花

当时在座的清华同学都笑得很得意，冰心只好承认是"作法自毙"。

实际上，吴文藻除了有些"呆"，还是很疼爱冰心的。抗战期间，他们从北平向南逃难时，什么都没带，就带了一张庞大笨重的弹簧床，从北平搬到昆明，从昆明搬到歌乐山，吴文藻对梁实秋说，没有这样的床她睡不着觉。

人生的道路，到底是平坦的少，崎岖的多。如何才能做到不离不弃呢？还是冰心说得好：

"在平坦的道路上，携手同行的时候，周围有和暖的春风，头上有明净的秋月。两颗心充分地享受着宁静柔畅的'琴瑟和鸣'的音乐。在坎坷的路上，扶掖而行的时候，要坚忍地咽下各自的冤抑和痛苦，在荆棘遍地的路上，互慰互勉，相濡以沫。"

吴文藻临终时，向陪伴了五十六年的妻子念叨着："等我死后，我们的遗骨再一同投海，也是'死同穴'的意思吧。"

十四年后，冰心去世，享年九十九岁，有"世纪老人"之称。如果不苛求的话，冰心这辈子的确称得上圆满，长寿都在其次，更重要的是，她一生都在爱人，一生都被人爱着。小时候有父母疼爱，结了婚被丈夫疼爱，还有那么多朋友和读者爱着她，种在她心中那颗爱的种子早已生根发芽，长成了参天大树，至今尚有余荫留在世间。

应冰心的遗愿，她与吴文藻两人骨灰合葬，骨灰盒上并排写着：江阴吴文藻，长乐谢婉莹。

生同衾，死同穴，他们用漫长的一辈子，坚定地维护了"一生一世一双人"的爱情理念。

在众多悼念冰心的文章中，我唯独钟爱金庸悼念她所作的那首无题诗：

六十年前，我是诵读冰心阿姨那本毛边书页的小读者，
今天，小读者成了老读者，心中仍缓缓流过你书上的那些句子。
在蓝天下，碧海上，闪烁的星星下，大船的甲板上，
你母亲抱着你，你出一身大汗，病好了。

我为你欣喜，感觉到了自己母亲的爱，
我也生过大病，妈妈也这样抱过我。
六十年来，在艰难困苦的时候，我时时想到你那些温馨的语句。
听说你病了，在医院里，大家送鲜花，送爱，送关怀给你，
可是没有你妈妈来抱你了，
于是你倦了，你去找妈妈了，投入她温暖的怀抱。
我们失去了你，但是你找到了亲爱的妈妈。
在蓝天下，星光下，在碧海上，你在妈妈的怀里，
带着我们千千万万小读者，大读者，老读者的爱。

天上，不仅有冰心亲爱的妈妈，还有陪伴了她一辈子的爱人。在蓝天下，碧海上，在闪烁的星星下，他在她的身旁，永远也不再分离。

沈祖棻：有斜阳处有春愁

这些年去过的地方里,最令我难忘的就是苏州。"君到姑苏见,人家尽枕河",很难得有这样一座现代城市,还保留着小桥流水的古韵。在苏州,不仅可以赏遍美景,吃遍美食,还可以看遍美女,苏州女子大多身材窈窕,皮肤白得透明,不用撑一柄油纸伞,一个个就仿佛已是戴望舒笔下那个丁香般的姑娘。

苏州女子给人最深刻的印象就是那份温柔。她们说起话来总是轻言细语,"闲静时如姣花照水,行动处似弱柳扶风",正如金庸形容姑苏慕容家的小丫鬟阿碧所说的那样:"八分容貌,加上十二分的温柔,便不逊于十分人才的美女。"

沈祖棻,就是这样一个从江南水乡走出来的苏州女子,她清瘦、温婉,有尖尖的下巴和清秀的眉眼。那种美,像江南初春的雨,润物细无声中略带清冽的寒意,站在苏州的小桥畔,就是一首浑然天成的婉约词。

生于苏州，可能是沈祖棻最幸运的事情之一。她不止一次在诗词中赞美故乡："生小住江南，横塘春水蓝""家近吴门饮马桥，远山如黛水如膏"，她的情怀和诗意，正是在江南烟雨的氤氲中滋养出来的。

她出生在苏州一个书香世家，祖父精于书法，终生都在临摹《兰亭序》，和吴昌硕等人均有来往。她小的时候，家中为孩子们请来的老师就有四位，分别教授他们国文、英文、算术、刺绣。

她是在苏州古典的庭院里长大的，自小过着的也是一种深具古典韵味的生活。夏日天热时，家中用银碗盛着鸡头米，加上冰块，吃一碗就暑气顿消。秋天菊花盛开，祖母叫人用百来盆菊花在后花厅堆成菊花山，祖棻常常和兄弟姐妹们在此持螯赏菊，一起吟诵《红楼梦》中的菊花诗。有一年正月十五，家人们在后花厅赏月联诗，祖棻还是小小女孩，就能够脱口联句了。

很多年以后，她对这段时光仍是念念不忘，不止一次在诗中怀念昔日的风雅生活，如"绘彩瓷盘供佛手，镂银冰碗剥鸡头。晚凉庭院忆苏州"。

生长于温柔富贵乡、烟柳繁华地的沈祖棻，满身都是水乡的温柔气息，出落得清丽动人。她刚踏进南京中央大学的校门，就以美貌和文才惊艳了整个校园。她生得很美，词曲大家吴梅第一次在家中见到这位登门拜访的女学生时，就在日记中称她"极美"。同学尉素秋也对她的美印象深刻，那时中央大学中文系的女生组织了一个梅社,相约以词牌为笔名写词,沈祖棻的笔名是点绛唇,尉素秋说她之所以用此笔名,是因为"她是苏州美人,明眸皓齿,服饰入时。当时在校女同学很少使用口红化妆,祖棻唇上胭脂,显示她的特色"。

沈祖棻不仅美貌出众,更兼才情过人。中央大学当时名师荟萃,中文系的老师有黄侃、汪东、吴梅、汪国垣、胡小石等国学大师,他们对这位女学生特别器重。连胡适都不放在眼里的黄侃,特意为沈祖棻取字为子苾,以示爱重。文学院院长汪东对这位高徒更是备加赏识。入校后不久,沈祖棻和要好的女生们,以红楼中的人物自况,称胡漪如为元春,尉素秋为探春,章伯璠为宝钗,徐天白为湘云,沈祖棻为宝琴,而将汪东老师比作贾政。汪东看到后不服,特意写诗抗议,其中一首说"悼红轩里铸新词,刻骨深悲我最知。梦堕楼中忽惊笑,老夫曾有少年时",意思是当年他也是人见人爱的宝玉,可不是女学生们眼中古板的贾政,师生之间的亲密融洽可见一斑。

1931年,"九一八"事变刚刚爆发不久,那时沈祖棻年仅二十二岁,却深切关心着国家的命运,挥笔写下了一阕《浣溪纱》:

芳草年年记胜游,江山依旧豁吟眸。鼓鼙声里思悠悠。
三月莺花谁作赋?一天风絮独登楼。有斜阳处有春愁。

短短一首小令,将对山河破碎的担忧传递得婉转深重,汪东读过此词后,不禁拍案叫绝,尤其喜爱后半阕,认为足以和秦少游媲美。

遥想宋时,贺铸曾因"试问闲愁都几许?一川烟草,满城风絮,梅子黄时雨"而获得了"贺梅子"的称号,同样因佳句而获美名的还有张春水、谢蝴蝶、王桐花、崔黄叶等,如今,沈祖棻也因"有斜阳处有春愁"之句,被人们戏称为"沈斜阳",得以跻身于这一串熠熠闪光的名字之中。

作为成名作,《浣溪纱》不仅拉开了沈祖棻专注于"倚声"(词)的帷幕,也奠定了她填词的基调——和很多女词家不同的是,她从一开始填词,笔底着墨最多的就不是儿女情长,而是家国情深。

如此受人瞩目,可以推测沈祖棻的身边一定不乏追求者。可因为她涉世不深、过于纯真,感情上也受到过挫折。她曾经喜欢过一个革命青年,在那个人被捕入狱之后,她甚至做好了为他牺牲的准备,就在此时,她才发现那人家中已有发妻。即使被人欺骗,她还是维持着大家闺秀的风度,一边照顾他,一边通知他妻子前来。等他妻子赶到后,她才断然和这个以背弃革命换来出国留学机会的青年诀别。

幸好在她考入金陵大学国学班后,她就遇上了一个足以和她相颉颃的男子,两人以诗词为媒,定下了终身大事。

他就是来自湖南长沙的才子程千帆,比沈祖棻小四岁,成长于诗学世家,自幼就聪颖非凡,十岁学诗,十二岁通声律,考入金陵大学后立即崭露头角。他和沈祖棻都是文艺社团"土星学会"的成员，一起创办了刊物《诗帆》，两人因文学结缘，志同道合，很快就互相倾慕了，同学们也常常用"过尽千帆皆不是，斜晖脉脉水悠悠"来打趣沈祖棻，因为里面暗含程千帆的名字。

诗词是这对才子才女之间的桥梁，程千帆想和沈祖棻厮守终生时，就是用一首新诗《二月》来求婚的，其中一节是这样的：

> 画梁是燕子的家，
> 粉墙是萝蔓的家，
> 河水才是小白帆的家；
> 无从窥见的是室家之好。

诗里藏着只有他们二人才看得懂的隐语，燕子、萝蔓都是祖棻的化身，因为她笔名叫绛燕，又自号紫曼，小白帆指的自然是千帆，在河中漂泊的小白帆，期待着能找到一个可供栖身的家。

沈祖棻也写了一首《忍耐》作为回应：

> 燕子飞来建筑她的新巢，
> 萝蔓装饰上春风的墙壁，
> 昔日漂泊于江湖的小白帆，
> 也将傍春水而系缆了。

1937年,"小白帆"在安徽屯溪迎娶了他的"燕子"。祖棻"出当代大师之门,为世间才子之妇",缔造了难得一遇的佳话。

只可惜,这对才子佳人身处风雨飘摇之世,只能在乱世中流离奔波,一点都由不得他们自己。他们婚后的前半部分岁月,可以用一首词牌名来描述,那就是"惜分飞"。

江湖风波恶,人间行路难。新婚的甜蜜享受了还不到一个月,因日寇逼近,沈祖棻就不得不告别夫君,只身踏上西南流亡之路,辗转在重庆、雅安、乐山、成都等地。

轰动词坛的《涉江词》就是在战火纷飞、颠沛流离的途中完成的。一部词集收入了三百多首词,尽述流离之苦、分隔之痛,渗透了无尽的家国之情和故土之思。如果说杜甫是以诗为史,用诗歌记录下安史之乱后大唐由盛转衰的历史,那么沈祖棻就是以词为史,用词记录下抗战中的动荡岁月和苦痛悲欢。

在躲避日机轰炸时,祖棻也不忘随身携带着词稿,她在给老师汪东的信中说:"一日,偶自问,设人与词稿分在二地,而二处必有一种遭劫,则宁愿人亡乎?词亡乎?初犹不能决,继则毅然愿人亡而词留也。"

宁愿人亡而词留,这是怎样的一种创作精神!正因为是用血泪凝结而成的,《涉江词》才具有相当高的艺术价值,汪东高度评价说:"诸作皆风格高华、声韵沉咽。韦、冯遗响,如在人间,一千年无此作。"

至于为何命名为《涉江词》，很多人都指出是脱胎于古诗"涉江采芙蓉，兰泽多芳草"，却很少有人注意到，这首诗所写的正是情人分隔两地的相思之情，诗末说"同心而离居，忧伤以终老"，这正是祖棻当时的心情写照。她与程千帆夫妻情重，却聚少离多，战乱之中，像他们这样同心而离居的夫妻又何止千万！

　　刚经离乱，祖棻又遭病痛，1940年她腹部肿瘤，病情严重，她给汪东、汪国垣两位老师写了一封伤心至极的信，信中提到，如或有生命危险，她最割舍不下的就是与千帆的夫妻之情。在信中她还说，和千帆结婚三年了，两人既是夫妻，又是良友，每每以道德相勉励，以学问相切磋，夜深人静，灯下把卷，奇文共欣赏，疑义相与析，这种闺房之乐远甚于画眉，如果一旦天人永隔，情何以堪？

　　祖棻在成都动手术时医院失火，程千帆赶来时医院已成火海，还好祖棻已经逃了出来，二人在火海外相拥而泣，忍不住痛哭失声。所幸手术成功，祖棻逃过一劫。

　　但病痛和意外注定是祖棻生命中难逃的劫数。她在三十八岁时高龄产女，手术时一个庸医误将一块纱布缝入她腹内，她此后几年受尽了折磨，在汉口动了两次小手术都未见好转，为此只得去上海求医，开刀五次才找到病根。最后那块纱布从她腹中取出来时，四周已结满脓血。她因此元气大伤，身体愈发衰弱。

　　沈祖棻一生命运多舛，备受战乱、病痛、离别，乃至世态炎凉之苦，她在苦难中迸发出来的才华，常常使人联想到李清照。朱光潜就曾题诗称赞她："易安而后见斯人，骨秀神清自不群。"她和程千帆也常被人拿来同李清照、赵明诚相比，有"昔时赵李今程沈"之说。

从个人遭遇和才华的角度来说，她和李清照确实不乏相似之处：都一样才华横溢，年少成名，都一样身经战乱、流离困苦，都一样得遇知己，婚姻美满。但除此之外，两人的个性和气质迥异，李清照生性争强好胜，倜傥不群，个性中有叛逆尖锐的成分；沈祖棻则温柔敦厚之极，从不露出半点锋芒，哪怕是抗战中写的那些悲愤之词，也写得婉转含蓄，绝不流于叫嚣，她当然也有怒火，但她不是用金刚怒目来表现的。

在女儿程丽则的眼里，母亲"是一个非常谦和的人，温柔的人"，她说："我觉得她温良恭俭让，这五个字全部占据。脾气极好，性格极好，非常谦和，乐于助人，而且也很忍让。同时她又是一个学者，一个才女。"

温柔是人们对沈祖棻的共同印象，学者吴宓曾说，论品性的纯淑温和，沈祖棻是他所见过的女士中的第一人。学生徐有富回忆说，他还记得初次听沈老师讲课，那清雅的外表，那悦耳的吴侬软语，实在是生平所未见，令人如沐春风。

她整个人由里到外都温润如玉，像从蓝田采来的软玉，摸上去手感温润，却又不失玉的坚硬和清凉。温柔并不是柔弱，熟悉了沈祖棻，你就会发现，温婉的她其实从未丧失过内心的坚守和笃定，愈是靠近她的人，愈能感觉到她身上那股柔软的力量。真正强大的人，也许并不是处处要扼住命运的喉咙，而是在备受命运的摧残之后，依然能保持着一颗温柔如初的心。

暮年的沈祖棻，面容仍是那样平和，看不到一丝一毫被生活摧残过的痕迹。她和程千帆终于团聚了，夫妻二人住在武大一间简陋的湖畔小屋里，拿着微薄的退休工资。沈祖棻虽出身富贵，却特别能够安贫乐道，从不怨天尤人。

这时女儿程丽则已生下了外孙女早早。每当小外孙女来到湖畔小屋时，屋中就布满了春色。沈祖棻特别钟爱早早，搁笔多年的她特意写下了一首长篇诗作，名字就叫《早早诗》："一岁满地走，两岁嘴舌巧。娇小自玲珑，刚健复窈窕。长眉新月弯，美目寒星昭……"全诗明白如话，毫不雕琢，将早早的天真烂漫刻画得细致入微，赢得了众人激赏，朱光潜就很喜欢她的这首《早早诗》。

沈祖棻在1976年6月的日记里写道："与早早折夹竹桃二小枝，野花草三茎，松枝二小枝，插瓶。灯光下美好有致。"

这时，她已经年过花甲，又饱受生活的磨难，却仍然拥有那样细腻婉转的心思，仍然保持着文人的情调。闲花野草处处可见，但只有像她这样的有心人，才会想到折来当成案头清供。她这样有才情的女子，本应该过着寻芳山头、灯下赏玩的悠闲生活，奈何命运弄人，她这一辈子大多数时光都是在动荡中度过的。

只可惜，如此美好有致的生活只持续了很短的时间。就在写下那篇日记一年之后，她就在返家途中遭遇了一场车祸，血流如注,最终未能抢救过来,将无尽的憾恨留给了与她相伴四十年的夫君。

程千帆晚年声誉日隆,唯一感到遗憾的是结发妻子过世得太过意外,太过悲惨。他在回忆录《桑榆忆往》中说:"我现在只有一点是不大能够回忆的,就是沈祖棻的突然死亡。她本来是个富家女子,可以生活过得很好,但就是为了爱情,一辈子受苦,最后又是这样一个结果。"

钱锺书曾经说过,妻子杨绛身兼妻子、情人、朋友于一体,沈祖棻对程千帆来说又何尝不是如此呢?她是他共同患难的妻子,也是他温柔缠绵的情人,更是他心心相印的知己,他曾写过两首《鹧鸪天》来悼念亡妻,其中两句是"文章知己千秋愿,患难夫妻四十年",正是他们关系的真实写照。只是沈祖棻和杨绛比起来,吃过的苦头更多,可是她将苦难咽下去,吐出了一首首惊才绝艳的词作。

对一个将词作看得比生命还重的女词人来说,让她的作品留世才是最好的纪念。沈祖棻过世之后,程千帆用整理她的遗著来寄托自己的思念之情,病重时,他还在指导外孙女编《沈祖棻全集》。全集出版后不到半年,他就因病去世了。

"小白帆"去寻找他的"燕子"了,漂泊了一生的他们,终于得以重聚,仿佛从未分开。在另一个世界里(如果有的话),"燕子飞来建筑她的新巢,萝蔓装饰上春风的墙壁,昔日漂泊于江湖的小白帆,也将傍春水而系缆了"。

宋清如：醒来觉得甚是爱你

从前的日子过得慢，车、马、邮件都慢，从前的情书，却比现在美得多。

2014年，我的微博、朋友圈都被"醒来觉得甚是爱你"刷屏了，这句话出自一个名叫朱生豪的人笔下，是他写给妻子宋清如的。

以前一直觉得，如果要选民国最美情话，肯定是在沈从文、徐志摩、鲁迅的文字之中任选其一，直到朱生豪的情书重新被发掘出来。

沈从文的情书是典型的单恋者的情书，一派痴情，略带一丝孩子气，比如："三三，莫生我的气，许我在梦里，用嘴吻你的脚，我的自卑处，是觉得如一个奴隶蹲到地下用嘴接近你的脚，也近于十分亵渎了你的。"爱让我们的大作家卑微到"只想下跪"，带着茫然无措的稚子气息，让人心生怜惜。

徐志摩的情书是典型的热恋者的情书，如痴如醉，火爆热烈，比如："龙呀，你应当知道我是怎样的爱你，你占有我的爱，我的灵，我的肉，我的'整个儿'。永远在我爱的身旁旋转着，永久的缠绕着。真的龙龙，你已经激动了我的痴情。我说出来你不要怕，我有时真想拉你一同情死去，去到绝对的死的寂灭里去实现完全的爱，去到普遍的黑暗里去寻求惟一的光明……"看得出来，我们的诗人，已经被爱冲昏了头脑，这样的爱，热烈得未免过了头。

鲁迅的情书则是典型的夫妻之间的家常情书，著名的《两地书》尽管大多写于他和许广平恋爱时，却大多是关于柴米油盐，琐琐碎碎，离不开日常生活，比如："此地四无人烟，图书馆中书籍不多，常在一处的人，又都是'面笑心不笑'，无话可谈，真是无聊之至。海水浴倒是很近便，但我多年没有浮水了，又想，倘若你在这里，恐怕一定不赞成我这种举动，所以没有去洗……"信中，他有时亲昵地称许广平为"害马"，有时也称她"小刺猬"，倒是显露出活泼的一面来，但绝大多数时候，他写的信都是家常里短，读起来给人的感觉不像是恋人，倒像是夫妻。

朱生豪的情书，迥异于以上三人的风格，不至于热烈得过了头，也不至于琐碎得太絮叨，缠绵得恰到好处，炽烈得恰如其分，一贯深情，偶尔俏皮，有一种不疾不徐、舒缓自如的情感洋溢其中：

我是，我是宋清如至上主义者。

我愿意舍弃一切，以想念你终此一生。

世上一切算得什么，只要有你。

要是世上只有我们两个人多么好，我一定要把你欺负得哭不出来。

我一天一天明白你的平凡，同时却一天一天愈更深切地爱你。你如照镜子，你不会看得见你特别好的所在，但你如走进我的心里来时，你一定能知道自己是怎样好法。

我爱你也许并不为什么理由，虽然可以有理由，例如你聪明，你纯洁，你可爱，你是好人等，但主要的原因大概是你全然适合我的趣味。因此你仍知道我是自私的，故不用感激我。

我们都是世上多余的人，但至少我们对于彼此都是世界最重要的人。

我想作诗，写雨，写夜的相思，写你，写不出。

我想要在茅亭里看雨，假山边看蚂蚁，看蝴蝶恋爱，看蜘蛛结网，看水，看船，看云，看瀑布，看宋清如甜甜地睡觉。

我找到了你，便像是找到了我真的自己。如果没有你，即使我爱了一百个人，或有一百个人爱我，我的灵魂也仍将永远彷徨着，因为只有你才是属于我的type（类型）。你是unique（独一无二）的。我将永远永远多么多么的欢喜你。

在一个远离情话的年代里，读着这样的绵绵情话，忽然有些恍惚，难以想象，是怎样深情绵邈的人，才会说出这样令人心醉的情话呢？

爱情在这些情话里呈现出最完美的一面来，没有猜忌，没有懊恼，有的只是欢喜，只是诗情画意。沐浴在爱情之河的人，无一事不觉得称心，就像朱生豪在信中所说的"风和日暖，令人愿意永远活下去"。

完美的爱情，宛如完美的天气，令有幸遇到的人愿意永远活下去。朱生豪和宋清如就是这样的幸运儿，他们遇到了彼此。

在嘉兴朱家的故居里，挂着一副题联："才子佳人，柴米夫妻。"那是他们结婚时，由著名词人夏承焘特意为这对新人撰写的。

结婚前，他们是才子佳人。

初相遇时，朱生豪还是个一文不名的穷小子，却已初露才华，被称为"之江才子"。宋清如则是大家小姐，写得一手好诗，施蛰存说她的新诗"如琼枝照眼"，还说"我以为你有不下于冰心之才能"。这位小姐年轻时以特立独行闻名，进校时就宣称"女性穿着华美是自轻自贱"，又说"认识我的是宋清如，不认识我的，我还是我"。

他们因诗结缘，当朱生豪看了宋清如的诗稿《宝塔诗》后，被其中蕴含的灵气和才思深深触动了，于是情不自禁地提起笔来，和她诗词相和。

宋清如这样回忆初次认识朱生豪的情景："那时，他完全是个孩子。瘦长的个儿，苍白的脸，和善、天真，自得其乐地，很容易使人感到可亲可近。"

他的外表如孩子，腼腆、寡言，在同学们看来几乎"没有情欲"；他的内心却埋藏着一座火山，堆积着太多炽烈的感情，只待喷薄而出。

沉默克制的人很难动情，一旦动了情，就会倾其所有，矢志不渝。朱生豪就是如此，宋清如之于他就像一根导火索，点燃了他累积多年的情感。

他们相识仅仅一年后就面临分别，他去了上海工作，她继续留在杭州念书，从此开始了漫长的鸿雁传书。

　　临别时她送给他一支笔，就是用这支笔，他给她写了五百多封情书。

　　这是一场构筑在"纸"上的爱情，婚前他们相爱十年，有九年在通信。朱生豪把他最好的一面都展现在信里了，只有在文字构筑的世界里，他才能够实现真正的无拘无束、潇洒自如，可以深情款款，也可以任性调皮。

　　谁能够想到那个在同学们眼里沉默得近乎木讷的朱生豪，笔底居然如此活泼又如此丰盛。在信中，他戏称宋清如为"阿姊、傻丫头、青女、无比的好人、宝贝、小弟弟、小鬼头儿、昨夜的梦、宋神经、小妹妹、哥儿、清如我儿、女皇陛下"等，同时称自己为"你脚下的蚂蚁、伤心的保罗、快乐的亨利、丑小鸭、吃笔者、阿弥陀佛、综合牛津字典、和尚、绝望者、蚯蚓、老鼠、堂吉诃德、罗马教皇、魔鬼的叔父、哺乳类脊椎动物之一、臭灰鸭蛋、牛魔王"。这样的诙谐，想必宋清如读信时，一定会忍不住喷饭吧。

　　分离让他们刚刚建立的感情更加炽热，所以朱生豪说："似乎我每次见了你五分钟，便别了你一百年似的。"

　　他们的感情在纸上早已燃到了沸点，可在现实生活中，他们却是聚少离多，偶尔见了面也是淡淡的，两个人都不像信中那样自如。我们的情书大师，好像还没有掌握让爱情在现实中升温的诀窍。

这场过于漫长的异地恋一谈就是十年，在此过程中，宋清如拒绝过朱生豪的求婚，理由是她认为婚姻是爱情的坟墓。对此，朱生豪很有耐心，给爱人写了一封饱含哲理的信："做人最好常在等待中，须是一个辽远的期望，不给你到达最后的终点，但一天比一天更接近这目标，永远是渴望，不实现也不摧毁，每发现新的欢喜，是鼓舞而不是完全的满足。顶好是一切希望化为事实，在生命终了前的一秒钟中。"

好的爱情具有催人奋进的力量，朱生豪年轻时也是很迷茫的，一度沮丧地对宋清如说："如果到三十岁我还是这样没出息，我真非自杀不可。"

幸好在认识宋清如不久后，二十三岁的朱生豪确立了一生的志向：翻译莎士比亚戏剧。当时他将翻译事业当作摆脱迷茫的一剂良药，也为了给中国人争一大口气，还有一个重要的原因则是，他想把莎翁的译著当成一份"爱的礼物"献给宋清如。他在给她的信中这样写道："你崇拜不崇拜民族英雄？舍弟说我将成为一个民族英雄，如果把Shakespeare（莎士比亚）译成功以后。因为某国人曾经说中国是无文化的国家，连老莎的译本都没有。"

这样的志向，几乎称得上是壮志凌云。要知道，朱生豪只是一个在世界书局任职的小职员，籍籍无名，毕业的之江大学也不是什么知名学府。而在当时，翻译莎士比亚的可是梁实秋这样的前辈。一介后生小子，敢和文坛大腕较劲，真叫人替他捏了一把汗。

宋清如却毫无保留地相信他、支持他，并在经历了多年的爱情长跑后，毅然和他携手步入了婚姻的殿堂，那一年，宋清如已经三十一岁了，朱生豪也有三十岁了。两人一贫如洗，连婚礼上穿的衣服都是借来的，可他们心心相印，有着对未来最坚定的信念。

结婚后，他们是柴米夫妻。

有人曾经让宋清如形容他们婚后的生活，她简洁地回答说："他译莎，我烧饭。"

贫穷的日子里，朱生豪仍是那个两耳不闻窗外事的才子书生，一心扑在翻译莎士比亚剧作的工作上。宋清如呢，这个写得一手"如琼枝照眼"般文章的佳人，却甘心洗手作羹汤，转身做朱生豪背后的妻子。

为了贴补家用，宋清如除了主动承担起家庭主妇的责任，还常去缝纫店揽些针线活回家"加班"。为了节省开支，她每月上旬总先把柴米买好，其他开支能省的一律省去。她做的家常菜常常是"一清（青）二白"，即青菜和豆腐，偶尔做一次鸡蛋就算"开荤"了。没有钱买牙粉，他们便用盐代替。朱生豪的头发长了，宋清如亲自拿剪刀修剪。

物质上，他们是困窘的；精神上，他们却是愉悦的。朱生豪译好的文稿，宋清如是第一个读者，同时扮演着校对者和欣赏者的角色。艰苦的翻译工作之余，他们一起选编了《唐宋名家词四百首》，作为译莎之外的"课间休息"。

他比婚前更加依恋她。一次，宋清如有事回了趟娘家，朱生豪竟每天站在门口青梅树下等候爱妻归来。那时阴雨连绵，他每次想起她时，就会捡一片落花，写一段思念她的话："昨夜一夜我都在听着雨声中度过，要是我们两人一同在雨夜里做梦，那境界是如何不同，或者一同在雨夜里失眠，那也是何等有味。"

等到宋清如二十天后归来时，花瓣已收集了一大堆，她看到夫君消瘦许多、失魂落魄的样子，心疼得直流眼泪，此后，两人再也没经历过长时间的分别。

日子的艰辛和时局的动荡让朱生豪越来越沉默，他闭门不出，拒绝与人交往，把全部时间和精力交给翻译工作。一年之中，他整天不说一句话的日子有一百多天，说话不到十句的有二百多天，其余日子说得最多的也不到三十句。他曾经说："真的，只有埋头于工作，才多少忘却了生活的无味，而恢复了一点自尊心。"

朱生豪的坚毅和沉默一样令人吃惊，在翻译莎翁剧作的过程中，他的译稿曾经一度毁于战争的炮火，可他马上拾起笔，又重头译过。宋清如在一篇文章中回忆道："八·一三的炮火，日敌在半夜里进攻，把他从江山路赶了出来。匆忙中他只携着一只小小的手提箱，中间塞满了莎氏剧全集、稿纸、一身单短衫出来……他姑母见他把衣服被褥整个儿的全部财物都给丢了，气得直骂，他却满不在乎，只管抱着莎士比亚，过他的日子。"

长期的伏案劳作摧毁了他的健康，婚后才一年多，他就不幸染上了肺结核，由于经济情况差，没有得到良好的治疗，很快病情转危。这时，他最遗憾的是"莎翁剧作还有五个半史剧没翻译完毕，早知一病不起，就是拼着命也要把它译完"。

他临终时，宋清如给他擦拭身体，他喃喃地说："我的一生始终是清白的。"生命的最后一刻，他大叫一句："小青青，我去了！"不待爱妻回答，就撒手归去了。

他去世时，宋清如只有三十三岁，两人结缡不到三年。留在身后的，是爱妻稚子，以及未竟的翻译事业。

宋清如曾说："你的死亡，带走了我的快乐，也带走了我的悲哀。……活着的不再是我自己，只像烧残了的灰烬，枯竭了的古泉，再爆不起火花，漾不起漪涟。"

他生前一贫如洗，留下的只是三十一种、一百八十万字的莎剧译稿，那是他承诺送给她的"爱的礼物"，比任何财产都珍贵。她的后半生，致力于出版这份译稿，让他生前的遗憾臻于圆满。她也曾和别的男人有过感情纠葛，却没有再嫁。

正如他们的儿子朱尚刚所说，老去的宋清如把一切都看得很淡了，唯有朱生豪仍是她心目中永远清晰的偶像。她在最后的时光中，把所剩无几的精力全都用来塑造这个偶像了。

朱生豪曾在写给妻子的信中说："要是我死了，好友，请你亲手替我写一墓铭……不要写在什么碑板上，请写在你的心上，'这里安眠着一个古怪的孤独的孩子'……"

五十三年后，宋清如溘然长逝，因朱墓已毁，所以她只能与朱生豪翻译的《莎士比亚全集》、他写给她的书信及那个装了他灵魂的信封一起下葬。

倘若有另一个世界的话，他们将一同在雨声里做梦，一同在雨声里失眠，他们的故事，不仅留在了书信里，更写在了彼此的心上。

叶嘉莹：莲实有心应不死，人生易老梦偏痴

朋友问我，要想让小朋友爱上唐诗宋词，应该去看看谁的书，我不假思索地回答："叶嘉莹。"说起来，我们这些喜爱古典文学的，谁没有读过叶嘉莹的书呢？从这个角度来说，她是我们共同的先生，我们则都是她的私淑弟子。

对很多人来说，叶嘉莹充当的是一个启蒙者的角色。在她的引领下，人们充满好奇地进入了一个新的领域，那里繁花似锦、满园春色，越往深处走，就越是美不胜收。叶嘉莹所说的诗词，多半都是人们耳熟能详的，只是通过她的解读，那些熟悉的诗句才突然焕发出全新的美感，我们这才发现，原来简简单单的一句诗，居然蕴含着那样千回百转的心思，那样缠绵细腻的情致。在她的启蒙下，我们重新发现了诗意，重新发现了古典之美，甚至重新发现了深藏在自己内心的深情。

有些人嫌她解说诗词太过细致，笑她是"老妪说诗"，我却始

终感激她，进而理解她的一片苦心——她生怕现在的年轻人读不懂、不爱读诗词，所以才不厌其烦地解说。而且说得细致是有好处的，毕竟很多人连《红楼梦》都快读不懂了。

我很喜欢读她的书，书里说的不只是诗词，更融入了她对人生的全部见解。我总是想，该拥有怎样一颗玲珑剔透的词心，才会将诗词解读得那样细腻入微呢？因为喜欢读她的书，才开始去了解她的人生。

说到叶嘉莹和诗词的缘分，绕不过两个人，一个是她的伯父，另一个则是她的老师顾随。

叶嘉莹出生在六月，正是荷花盛开的季节，因此小名就叫小荷子。叶这个姓可不简单，是叶赫那拉氏的汉化。清朝的慈禧太后以及词人纳兰容若（纳兰是那拉的另一种译法），都属于叶赫那拉氏。叶嘉莹曾在自述诗中不无骄傲地宣称"我与纳兰同里籍"，她对诗词的热爱确实与纳兰容若不相上下。

叶嘉莹从小在北京西城区察院胡同一个四合院里长大，学者邓云乡曾是这里的常客，在他的印象里，一进院子就能感受到那种宁静、安详、闲适的气氛，半个多世纪后他仍然记忆犹新。他还记得，"一位和善的老人，坐在书案边，映着洁无纤尘的明亮玻璃窗和窗外的日影，静静的院落……这本身就是一幅弥漫着词的意境的画面"。

"庭院深深深几许""斜阳院落晚秋天""寂寞空庭春欲晚"……

在那个宁静的院落降生的叶嘉莹，自幼就熟悉了古诗词中的种种意境，一颗词心正是在这样的环境中熏陶形成的。

邓云乡提到的那位老人就是叶嘉莹的伯父叶廷乂，他精通医术，旧学修养深厚，很喜欢这个冰雪聪明的小侄女。伯父酷爱吟咏，叶嘉莹尚在牙牙学语时，就跟着伯父咿咿呀呀地学念诗，稍通人事，便对着庭院里的花花草草学作诗，伯父亲自教她平仄声律，并为她修改诗作。小女孩没什么人生阅历，能写的无非是窗前的芭蕉、雨中的梧桐、墙下的鸣蛩等。十五岁那年，叶嘉莹曾经将一丛绿竹亲手移植到自己的窗前，随即写下了一首《对窗前秋竹有感》："记得年时花满庭，枝梢时见度流萤。而今花落萤飞尽，忍向西风独自青。"

伯父和父亲虽教她读唐诗，却从未教过她读词，初中时，母亲送她一套《词学小丛书》，其中收录了纳兰容若、李后主等人的词。一翻开《饮水词》，从开篇第一首《忆江南[①]·昏鸦尽》"昏鸦尽，小立恨因谁？急雪乍翻香阁絮，轻风吹到胆瓶梅，心字已成灰"开始，那顿挫的声调，那真切的情感，就一下子将她吸引住了。

词是最精致婉约的文体，和诗相比，词显然更契合叶嘉莹的心性与气质，她后来的主要成就也是在词的创作和解读上，而这一切，都源自她十几岁读到的那一卷《饮水词》。只是那时她还

[①] 忆江南：此词牌又名"梦江南"。——编者注

年少不知愁，要过很多年以后，才能明白什么是真正的"心字已成灰"。

叶嘉莹在诗词路上遇到的第二个贵人是老师顾随。那时她刚考入辅仁大学，这所学校设立在原涛贝勒府内，红墙绿瓦，曲院回廊，花木扶疏，走在校内如在画中游。大二那年，她的课堂上走来了一位讲唐宋诗的先生，他相貌清癯，一袭长衫，讲起课来旁征博引，信手拈来，他就是被称为"苦水先生"的顾随。

顾随讲诗词，从不拘泥于课本，而是天马行空，旁征博引，任意一句诗词可以连续讲上数个小时，同时融入了自己对于人生的理解。比如他批评姜夔，说此人太重修饰，好比一个人总是穿着白袜子不沾泥，总是自己保持着清白、清高，这样的人比较狭隘自私，遇事不肯出力，为人不肯动情。

"余虽不敏，然余诚矣"，这是顾随常挂在嘴上的口头禅，也成了叶嘉莹奉行一生的宗旨。她不管做什么事，都会勤勤恳恳，能使十分力的绝不只用九分，而顾随将人生感悟融入诗词解说中的授课方式，也对她影响极大。

当顾随在台上随意发挥时，不知道他本人有没有注意到，有一位女学生正在台下专心致志地记着笔记，恨不能将他的每句话都原原本本地记录下来。许多人视叶嘉莹为引路人，而她则视顾随为引路人，她说："自上过先生课以后，恍如一只被困在暗室之内的飞蝇，蓦见门窗之开启，始脱然得睹明朗之天光，辨万物之形态。"

而顾随也十分器重和爱护这位勤奋聪敏的女弟子，在看过她的习作后，他评点说："作诗是诗，填词是词，谱曲是曲，青年有清才若此，当善自护持。"师生之间互相唱和，顾随不仅视叶嘉莹为亲传弟子，更引她为知音。有一次，顾随在课堂上讲到了雪莱的《西风颂》，并口占了"耐他风雪耐他寒，纵寒已是春寒了"两句，叶嘉莹将这两句敷衍成了一首《踏莎行》，词之前还有一行"小序"，称："用羡季师句，试勉学其作风，苦未能似。"顾随看了后，欣然批注说："此阕大似《味辛词》（顾随早年词集）"。

顾随和叶嘉莹是师生，也是忘年交、知己。他们之间是一颗词心对另一颗词心的映照，一个灵魂对另一个灵魂的呼应，名师得遇高徒，高山得遇流水，彼此之间同频共振，惺惺相惜。这样的际遇，对他们来说都是相当难能可贵的。

只可惜才命自古两相妨，诗词路上越走越顺的叶嘉莹，在人生的路上却坎坷难行。十七岁那年，她迎来了人生第一次苦难：因父亲在沦陷区失去音信，日夜操劳的母亲忧郁成疾，一次手术失败后在列车上去世了。她没来得及见母亲最后一面，眼睁睁地看着钉子一个个钉在母亲的棺材上，仿佛在一夜之间就迈入了成年世界。十七岁的她，挑起了照顾老父幼弟的重担，从那以后，她没有任何人可以依靠，相反，身边所有人都需要依靠她。

也许正因如此，她年纪轻轻就老成持重，男生们评价她"自赏孤芳，我行我素"，不敢亲近她。有位老师将她介绍给自己的亲戚赵钟荪，父亲很不赞成这门婚事，认为赵钟荪没有一技之长。

赵钟荪追求了她很久，她都没动心。直到有一天，他跑来对她说："我丢了工作。"叶嘉莹心想："不是因为经常从青岛回来找我，所以丢了工作吧。"出于同情和义气，她终于接受了他的求婚。

古人的诗词中将爱情描绘得那么美妙动人，可叶嘉莹却从来没有体会过那种心动的滋味。为叶嘉莹写传记的学生张侯萍说："叶先生熟谙古诗词中的儿女情长，可她这一生从来没有恋爱过。"

她骨子里是非常传统的，既然嫁了人，就嫁夫随夫，全心全意做个贤妻良母，她很快生下了大女儿言言，随丈夫一起去了台湾。在她看来，就算不是两情相悦，只要能够相濡以沫，也能够拥有平淡安稳的婚姻吧。

可这点希望很快也破灭了。到台湾不久后，喜谈政治的赵钟荪被当成"匪谍"投入了监狱。她带着幼小的女儿寄居在亲戚家，一边辛苦地抚养女儿，一边尽力营救丈夫。没想到丈夫出狱后，本来就性情粗暴的他变得更加不近人情，动不动就会暴怒。由于性格乖戾，他什么工作都干不长久。

这时候叶嘉莹又生下了小女儿言慧，加上老父亲，养活一家五口的担子全落在了她的肩上。为了多挣点家用，她每天奔波于几个学校上课，忙碌了一天回到家里，还得小心翼翼地承受丈夫莫明其妙的怒火。

日子过得太艰难了，光是勉强活下去已花光了她所有的心力，酷爱吟诗填词的她，十年里只作了寥寥几首诗词，在一首《蝶恋花》里，她写道："倚竹谁怜衫袖薄，斗草寻春，芳春都闲却。"

此时的她，瘦得只剩下一把骨头，就像杜甫笔下那个"天寒翠袖薄，日暮倚修竹"的佳人，得不到一点关心和温存。最绝望的时候，她甚至想过开煤气自杀。

最后，她告诉自己，"要把精神感情完全杀死"，只有这样，才能尽量麻木地活下去。她总觉得自己就像王国维词里的杨花，"开时不与人看，如何一霎濛濛坠"，根本不曾开过，就已经凋零了。

这些情绪她从来不会流露出来，包括在两个女儿面前，她都尽量维持着平和愉悦的面容。幸好还有她热爱的古典文学，只要一站在讲台上，谈起诗词来，她立刻变得神采飞扬。她的课名声远扬，哈佛大学、密歇根大学等竞相请她去讲课。在外面，她是人人尊敬的叶先生，一回到家里，仍然是那个需要面对丈夫咆哮发威的无助女子。有次她在圣诞节时按照西方的习俗，买了圣诞树、气球和彩灯，将家里布置得漂漂亮亮的，丈夫却突然发起火来，将气球和彩灯扯得稀烂，她什么也没说，还是尽力为孩子们营造出快乐的节日气氛来。

丈夫对她漠不关心，一直到了晚年时，才在看了她讲课的视频后，惊奇地对她说："这是你在讲课吗？下次我也去听好不好？"他好像头一次认识到妻子的价值。学生张侯萍叹息说，他与她生活了一辈子，却像陌生人。这是叶嘉莹的悲哀，也是一代旧式淑女的悲哀，她们所受的教育，让她们断然起不了离婚的念头。

后来，一家人在加拿大定居了，生活好不容易稍微安定了一些，叶嘉莹又迎来了人生中最大的打击——大女儿和女婿双双车祸身亡,这个打击对一位早就心碎了无数次的母亲来说,几乎是致命的。

强忍悲痛处理完女儿的后事后,她将自己关进书房,谢绝了一切亲友的慰问。她想不明白,为什么临到晚年,老天爷还这样对待自己,她只得又一次把自己的感情杀死了。

> 平生几度有颜开,风雨逼人一世来。
> 迟暮天公仍罚我,不令欢笑但余哀。

她亲手蘸着自己的血泪,一字一泪地写下了十首《哭女诗》。

"风雨逼人一世来",不是经历过锥心之痛的人,哪里写得出如此沉郁之极的诗句来。她这时才领悟到,为什么她所敬慕的王国维先生会说"天以百凶成就一词人"。

少年丧母、婚姻不幸、老年丧女,这其中的任何一项苦难都足以摧毁一个人,但为什么叶嘉莹没有被摧毁呢?这不得不感谢她钟爱的古诗词,她从诗词歌赋中领悟到了生命的哲学。

这种生命哲学,顾随形容为"以悲观之心情过乐观之生活,以无生之觉悟为有生之事业",叶嘉莹又注入了女性的特质,用"弱德之美"来加以概括。

"弱德之美",是叶嘉莹创造出来的一个词,用她自己的话来形容:"弱德不是弱者,弱者只趴在那里挨打。弱德就是你承受,你坚持，你还要有你自己的一种操守，你要完成你自己，这种品格才是弱德。"或者可以通俗地理解为，"弱德之美"也就是人们在面对逆境和苦难时所表现出的担当和坚守，一种承担之美、坚忍之美。

命运是风，我们是芦苇，很多时候芦苇都只能随风摆动，由不得自己做主，可至少有一样东西我们可以做主，那就是成为什么样的人。叶嘉莹说她一生都没有主动选择过，嫁人不是自己选择的，去台湾也不是自己选择的，就是在这种被动的处境下，她始终坚守着修养，默默承担着责任，绝不以自己鄙弃的方式来对待他人，正如她所说的那样："我有弱德之美，但我并不是一个弱者。"

她当然不是一个弱者。我看过不少她讲课的视频，她给我的感觉竟然是硬朗。年过九旬的她，站在讲台上，仍是那样精神矍铄，满头银丝如雪，声音清亮，能够一口气站着讲上两个小时。

至今，叶嘉莹已回国任教四十年了，从异国教坛退休之后，她觉得在海外教书总有隔膜，渴望着归巢，渴望着能将古典文学的薪火传承下去。

南开大学对她敞开了大门，很快师生们就发现，他们是捡到宝了。叶嘉莹一开讲，能容纳三百人的阶梯教室都坐不下了，来听课的学生挤满了过道。下课铃声响起时，没有一个人离开。她与学生们，就这样如痴如醉地沉浸在诗词的世界里，直到熄灯号响起。她对南开感情很深，后来还将多年的积蓄一千八百多万无偿捐给了南开，设立"迦陵基金"，用以激励学生研习古典诗词。

从1979年开始，她就这样一个人拖着硕大的行李箱，辗转于中、加两国。除南开外，她还去过北京大学、天津大学、兰州大学、新疆大学等数十所高校演讲，很多人就是通过听她的课才爱上古诗词的，她就这样将古典诗词的种子一颗颗地播撒到了年轻人的心中。

讲台上的叶嘉莹有种特殊的魅力，有人说她站在那里就是一首诗，诗人席慕蓉在听过她一次讲座后，俯首甘为粉丝。在席慕蓉眼里，她就是《楚辞》中那个"要眇宜修"的湘水女神，她的美是从内往外散发出来的，一讲起诗词来通体都会发光。

除了讲授诗词，叶嘉莹回国前最大的心愿就是再见顾随一面。可惜恩师早已殒逝，为了弥补这一遗憾，她花了极大的心力来整理当初听课的笔记。那八大册笔记，随她去了台湾，又被她带到了异国，从未托运过，一直由她随身携带，保存得完好如初。她说这些笔记"是宇宙之间唯一的一本"。

在她的悉心整理下，《顾随诗词讲记》终于得以付梓，这本书和陈丹青所记、木心所讲的《文学回忆录》一样，都是弟子根据老师的讲课记录而来的，也都缔造了"师父因弟子而显于世"的佳话。顾随若泉下有知，一定会深受感动，估计连他自己都想不到，当初在课堂上的咳珠唾玉，居然被一个女弟子当成珍宝一样全都收集了起来。叶嘉莹待人的深情可见一斑。

可叹的是，在现实生活中，她的一片深情根本找不到值得托付之人，从未尝过爱情滋味的她索性将诗词当成了恋爱对象。她的小女儿说，母亲最爱的就是唐诗宋词，她这一辈子都在和诗词谈恋爱。有人问过叶嘉莹，古代的诗人她最想和谁交往，她笑着说，杜甫太古板，李商隐太忧郁，只有辛弃疾刚柔相济，是个理想人选。

"花开莲现，花落莲成"，这是叶嘉莹年轻时看到的一句偈语。这句偈语像是在预示她一生的命运，她的青春是在流离和困苦中度过的，一直要到人生的垂暮之年，才迸发出异样的光彩来。莲花谢了不要紧，重要的是，那藏在花下的莲子已经成熟了，莲的生命因此而生生不息。

"莲实有心应不死，人生易老梦偏痴"，这是叶嘉莹常用来自况的一句诗。她这辈子都和荷有缘，乳名就叫小荷子，但我更愿意用"菡萏"来称呼她。菡萏是荷花的别称，与荷花相比，它显得更为古雅。叶先生，就是一朵旧时的菡萏，这朵菡萏出淤泥而不染，始终保持着纯真的本心，走近她，就会嗅到一股清芬。它来自昨日世界，我们曾经失落却正在拾起的那个世界。

王映霞：有多少神仙眷侣，变成了人间怨偶

千百年来，人们一直热衷于歌颂爱情，可爱情的真相究竟是什么？

香港作家李碧华一针见血地写道："这便是爱情：大概一千万人之中，才有一双梁祝，才可以化蝶。其他的只化为蛾、蚊蚋、蟑螂、苍蝇、金龟子……就是化不成蝶。并无想象中的美丽。"

多么残酷又多么真实。

正是因为如此，对那些差点化了蝶的情侣，人们总是格外惋惜。

郁达夫和王映霞，就是这么一对令人扼腕叹息的情侣。他们曾经爱得热烈缠绵，同住在天堂杭州，赢得了"富春江上神仙侣"的美誉，一时羡煞了多少人，最终却劳燕分飞，互相怨怼，连分手也分得格外难看。

只差一点点，他们就能化成千万人中少有的那对蝶，这令人

痛惜却又无可奈何。多少爱情佳话，最后都是败在这一点点上面。

他们曾是民国才子佳人的最佳范本。

郁达夫，民国最典型的旧式文人，"曾因酒醉鞭名马，生怕情多累美人"就是他的夫子自道，身兼李商隐的凄恻缠绵和杜牧的风流轻狂于一体。就算没有读过他写的小说《沉沦》，你也一定听说过"爱的苦闷""性的苦闷"吧，没错，这就是《沉沦》的主题。

王映霞，真正百年难遇的美人，"天下女子数苏杭，苏杭女子数映霞"。民国太多所谓美女都是见面不如闻名，可见过王映霞的人，无不为之惊艳。如果真有绝代佳人的话，可能就是她这个样子：明眸皓齿，巧笑倩兮，美目盼兮。

如此佳丽，难怪郁达夫会一见钟情。

那是一个春风沉醉的夜晚，在上海马浪路（今马当路）尚贤坊40号，郁达夫在留日同学孙百刚这间寓所中邂逅了虚岁二十的杭州姑娘王映霞，立刻坠入情网，从此迷醉于她的"明眸如水，一泓秋波"之内。

俗话说"文如其人"，看过郁达夫小说的人都知道，他下笔极为真实、坦荡，毫不掩饰自己的欲念与渴望。在《沉沦》中，他捶胸顿足地大声呼喊："知识我也不要，名誉我也不要……我所要求的就是爱情！……若有一个妇人，无论她是美是丑，能真心实意的爱我，我也愿意为她死的。我所要求的就是异性的爱情！"

显然，发妻孙荃很难满足他在爱情上的需求，孙荃是母亲为他定下的妻子，对他百依百顺，而且很有才华。郁达夫曾将自己的旧体诗和孙荃的混在一起，署上自己的名字发表，读者竟难辨真假。他满足于妻子的温顺，欣赏她的才华，可内心渴望着的，仍然是能够让自己燃烧的激情。

王映霞，就是那个足以让他燃烧的人。

二十岁的王映霞，正当妙龄，毕业于杭州的省立女子师范学校，为当时杭州"四大美人"之首。她身材颀长，肌肤白嫩，有"荸荠白"的美名。据见过她的人描述，她体态匀称，增之一分则太肥，减之一分则太瘦，风姿很美，尤其是一双眼睛，水汪汪的，勾人心魄。

据说她在家里常常不穿袜子，光脚跐着一双珠履，脚指甲染上鲜艳的蔻丹，显得丰若有余，柔若无骨。

这样一个女子，简直就是天生的尤物，和孙荃的荆钗布裙、其貌不扬构成了鲜明的对比。

郁达夫是个不会压抑感情的人，遇到王映霞当天，他就对孙百刚说："我近来寂寞得跟在沙漠里一样，只希望出现一片绿洲。你看绿洲能出现吗？"

孙百刚当即察觉到，在席的王映霞正是他所指的"绿洲"。

为了接近这片"绿洲"，郁达夫使出了浑身解数。他先是天天去孙百刚家，期待能在那儿碰到王映霞，后来见孙家人烦了，只得天天在弄堂口等，希望能邂逅心中的佳人。他不顾囊中羞涩，时常邀请王映霞出去，不是去西餐厅，就是去电影院，只为了一亲芳泽。

认识王映霞的第六天，郁达夫听说她要回杭州，一早就赶赴上海北站，却在火车站扑了个空，之后又心急如焚地乘车前往杭州，一路上每个站点，他都车上车下四处寻找王映霞的倩影，但都落空了。到了杭州，他在车站附近住下，守候在出站口，每列火车到站，他都在熙熙攘攘的人流中寻找佳人的影子。漫长的一天过去了，王映霞始终没有出现，在返回上海的夜行车上，郁达夫泪流满面。

情书素来是文人追求女性的最佳武器，追求王映霞的那段日子，郁达夫发狂似的给她写信。他情感丰富，每次写信时都忍不住边哭边写，在信中，他毫不掩饰地宣称："为了你，我情愿把家庭、名誉、地位，甚而生命，也可以丢弃，我的爱你，总算是切而且挚了。"

正如信中所说，郁达夫多年来虽流连花丛，却从没有这样热烈地爱过一个人，他的爱如猛火电光，非烧尽自身不可，他说："因为我这一次见了你，才经验到了情爱的本质，才晓得热烈地想要爱人的时候的心境是如何的紧张的。……我此后想永远地将你留置在我的心灵上膜拜。"

面对这位才子的热烈追求，王映霞犹豫过，也退缩过，曾经一再躲避他。可她躲到哪里，都躲不过他火热的情书攻势。追求她的人虽多，却没有一个像他这样热烈的，她渐渐心动了，毕竟，他也是她仰慕已久的才子，那个时代的女学生，谁没有读过他的《沉沦》呢？

她终于接受了他,说她也爱他,"之死靡他",但要求他必须先离婚。

郁达夫回避了这个问题,只说已妥善安置好孙荃母子。他并未明确提出离婚,这为他们的感情埋下了隐患。

同年,他将和王映霞恋爱后的日记交给出版社,出版了《日记九种》,里面有些细节十分具体,连他与王映霞的接吻次数,以及哪一次亲吻得最长都详细记载了下来。

《日记九种》当时比《沉沦》还要畅销,他们的情事尽人皆知,此时,王映霞已骑虎难下,只得答应了郁达夫的求婚。

1928年2月,郁达夫和王映霞在上海结婚了。婚礼很简单,只摆了两桌喜宴,有研究者分析说,那是因为郁达夫怕被指控重婚罪,不敢大张旗鼓。

这点让王映霞很不满,后来她还在回忆录里说:"我始终觉得,结婚仪式的隆重与否,关系到婚后的精神面貌至巨。"

尽管如此,两人婚后还是度过了几年的甜蜜时光。据他们的朋友楼适夷回忆,郁达夫婚后常常与王映霞一起散步。一次,朋友看到一个服装华丽、风姿绰约的少妇走在街上,身边跟着蓝布长衫、弱不禁风的瘦瘦男子,便笑话他说:"是哪个公馆里的太太,带着听差上街来了?"郁达夫听了不以为意,只是幸福地微笑。

在恋情的催化作用下,郁达夫的创作才华也得以重新焕发。在王映霞的帮助下,他出版了自己的作品集《寒灰集》。郁达夫在序言中声称，是王映霞爱的火焰，复燃了他这堆已经行将熄灭的寒灰。

在两人热恋期间，郁达夫写给王映霞无数情诗，其中一首常为人传诵："朝来风色暗高楼，偕隐名山誓白头。好事只愁天妒我，为君先买五湖舟。"

这并不是诗人的一纸空诺，他没有钱为王映霞去买"五湖舟"，却在婚后倾囊而出，到处借贷，在西湖边买下一块地，亲自精心设计，砌了一栋房子，命名为"风雨茅庐"。他甘心从繁华的上海移居到较为冷清的杭州，只为了和爱妻一同偕隐于湖光山色之间。

这样的生活，令朋友们称羡不已，文豪柳亚子赠诗给郁达夫，称他们为"富春江上神仙侣"，一时传为佳话。

在杭州期间，是郁达夫一生最安稳的日子，他和王映霞养育了三个孩子[①]，平常的日子就是逗逗小儿，写写文章，很少出去买醉。王映霞爱打牌，郁达夫总是亲自去邻居家叫她回家吃晚饭，正在兴头上的王映霞见了他，几乎没有一次不呵斥，他却总是笑嘻嘻地站在她背后，既不反驳，也不恼怒。

后来，为了供妻子过上富足的生活，他四处奔波。在异乡倍加思念娇妻的他在日记中写道："晚上独坐无聊，更作霞信，对她的思慕，如在初恋时期，真也不知什么原因。"

王映霞对这段生活也颇为满足，在回忆录里曾提到："当时，

[①] 有记载称，两人一共生育过五名子女，有两名不幸早夭。——编者注

我们家庭每月的开支为银洋二百元，折合白米二十多石，可说是中等以上的家庭了。其中一百元用之于吃。物价便宜，银洋一元可以买一只大甲鱼，也可以买六十个鸡蛋，我家比鲁迅家吃得好。"

究竟是什么让这对朋友眼中的神仙眷侣，渐渐变成了一对怨偶呢？

首先，可能是双方的个性差异太大，用现在的话来说，这对夫妻根本就是"三观"不合，除去郎才女貌的表象，他们在人生价值、生活趣味各方面的取舍完全是南辕北辙。

郁达夫重感情、轻物质，身上颇有几分侠气，在朋友圈里是个相当仗义的人。据沈从文回忆，他年轻时落魄北京，是郁达夫深夜来访，请他在外面小馆子吃了一顿丰盛的晚餐，还把吃完饭所找的钱，全部给了他。最令沈从文感动的是，郁达夫当时系着一条浅灰色的羊毛围巾，见他天寒衣单，连忙把围巾解了下来，亲自系在了他的颈上。

这样的逸事，郁达夫还有很多，他总是乐于帮助接触到的所有贫困青年，他说："我的力量太薄弱了，可怜的朋友太多了，所以结果近来弄得我自家连一条棉裤也没有。"这样的个性，对朋友是好事，家人却可能会受其所累。

王映霞呢，自幼锦衣玉食，身上有重物质、爱享受的一面。有一次他们夫妇要赶回富阳为郁母做寿，王映霞坚持要借杭州市长的汽车，因为那时市长的汽车是"浙字第一号"，可见她爱慕虚荣的一面。

郁达夫爱接济朋友，王映霞对此素来是不以为然的，她关心的，是如何让小家庭过上体面丰裕的生活，甚至在和郁达夫发生纷争时，她首先考虑的也是自己的实际利益。

一次他们吵了架，郁达夫负气返回老家，王映霞便认为他还忘不了发妻，非常生气。王的祖父从杭州赶来给他们调解，要求郁达夫将自己作品的版权赠予王映霞。郁如其所愿，却为妻子此举感到锥心之痛。他们所住的"风雨茅庐"，房契上写的也是王映霞的名字，在婚变后被王出售了。

他们对婚姻的期许也并不一样。郁达夫需要一个较为安静的环境，能使他坐下来一心一意进行写作，而他娶的这位佳人，本质上并不适合做贤妻。王映霞生性爱热闹，喜欢参加酒宴、舞会，以及打牌聚会，有时郁达夫由于要写作不能陪她去社交，她就一个人去，久而久之，就产生了种种纠纷。

其次，这两个人在性格上都有着重大的缺陷。

嫁给文人通常并不是件多么幸福的事，梁实秋就曾说过："在历史里，一个诗人似乎是神圣的，但是一个诗人住在隔壁便是个笑话。"

郁达夫显然就是这类文人，他经常喝得烂醉如泥，醉卧在朋友家里，甚至醉卧在马路上。王映霞劝他少喝一点，郁达夫却耍起了小孩脾气。有一年夏天，郁达夫因为王干涉他喝酒，一怒之下离家出走，独自喝得酩酊大醉，躺在江边码头上，身上的钱包及腕上的手表都被小偷摸走了。

这些闹剧,在郁达夫以前的婚姻里也常常上演,可王映霞不是孙荃,一次两次她还可以忍受,如此再三,她可不愿意再在这个让她一再失望的男人身上虚耗芳华。

虽然结了婚生了孩子,她仍然光彩照人、追求者众,时任浙江省教育厅长的许绍棣就是其中一位。两人在舞厅、牌场日久生情,渐渐产生了暧昧。一天,郁达夫回到家中,不见王映霞,却发现了许绍棣给王映霞的几封信,便断定王映霞仿效卓文君与她的"司马相如"私奔了。他性格冲动,做出了一个令人吃惊的举动,在《大公报》刊登"寻人启事":"王映霞女士:鉴乱世男女离合,本属寻常,汝与某君之关系及携去之细软衣饰、现银、款项、契据等,都不成问题,唯汝母及小孩想念甚殷,乞告一地址。郁达夫谨。"其实王映霞当时并未与人私奔,但此举让她几乎下不来台,后经朋友调解,她才原谅了郁达夫。

王映霞一度随郁达夫移居新加坡,试图重修旧好。这个时候的他们,已经是彻彻底底的一对怨偶了。王映霞抱怨人生地不熟太过寂寞,郁达夫就反唇相讥:"你既觉得太闲空,不会去找些白米来数数?"

裂痕已经发生了,可叹的是,当事人双方这时并没有努力消弥裂痕,反而以各种极端的方式,让裂痕越来越深,终至不可弥补。

1939年,郁达夫在香港《大风》旬刊上发表著名的《毁家诗纪》，包括有详细注释的十九首诗和一首词，诗词中公开披露了他与王映霞之间的情感恩怨，并将王映霞比作"逃妾"。

此举过于不近人情，等于公开和妻子撕破了脸，连好友郭沫若都评价说："达夫把他们的纠纷做了一些诗词，发表在香港的某杂志上，那一些诗词有好些可以称为绝唱，但我们设身处地替王映霞想想，那实在是令人难堪的事。自我暴露，在达夫仿佛是成了一种病态了……说不定还要发挥他的文学的想象力，构造出一些莫须有的'家丑'。公平地说，他实在是超越了限度。暴露自己是可以的，为什么要暴露自己的爱人？"

王映霞气愤至极，不甘示弱，以《一封长信的开始》和《请看事实》在报纸上公开回应，否认与许绍棣的关系，并竭力攻击郁达夫，说他是"蒙了人皮的兽心"。

都说分手不出恶语，但又有几个人能做到呢？郁达夫和王映霞，也只不过是两个平凡的人，在这场公开对骂中，展现出了生而为人最自私的一面。

令人叹息的是，即使最后落到了协议离婚的境地，他们心中其实仍然恋恋于彼此。

王映霞回忆说："我离开郁达夫，拎了一只小箱子走出了那幢房子，郁达夫也不送我出来，我知道他面子上还是放不下来。我真是一步三回头，当时我虽然怨他和恨他，但对他的感情仍割不断，我多么想出现奇迹，他突然从屋子里奔出来，夺下我的箱子，劝我回去，那就一切都改变了……"

她走后，郁达夫也曾写诗寄给她："愁听灯前儿辈语，阿娘真个几时归。"

这一次，孩子们的"阿娘"是彻底不会回来了，他也彻底失去了他的佳人。之后，郁达夫留在南洋，年仅四十九岁就被暗杀；王映霞则另嫁他人，一直活到了九十多岁。对于生命中的两个男人，王映霞晚年在自传中做了一个比较中肯的评价："如果没有前一个他（郁达夫），也许没有人知道我的名字，没有人会对我的生活感兴趣；如果没有后一个他（钟贤道），我的后半生也许仍漂泊不定。历史长河的流逝，淌平了我心头的爱和恨，留下的只是深深的怀念。"

回顾郁、王情史，他们直到分开时，仍然还爱着对方。可爱又如何？婚姻是一门妥协的艺术，除了需要爱，还需要责任、约束和包容。这对才子佳人，就像两个长不大的孩子，只想着用种种胡闹的行为来索取更多的宠爱，却在一味的任性中，终于弄丢了彼此。

图书在版编目（CIP）数据

不信人间有别离 / 慕容素衣著. — 成都：天地出版社，2023.8
ISBN 978-7-5455-7740-2

Ⅰ.①不… Ⅱ.①慕… Ⅲ.①女性－名人－生平事迹－中国－民国 Ⅳ.①K828.5

中国版本图书馆CIP数据核字（2023）第083622号

BU XIN RENJIAN YOU BIELI
不信人间有别离

出 品 人	陈小雨 杨 政
作 者	慕容素衣
责任编辑	吕 晴 柳 媛
责任校对	马志侠
封面设计	V 霄
责任印制	王学锋

出版发行	天地出版社 （成都市锦江区三色路238号　邮政编码：610023） （北京市方庄芳群园3区3号　邮政编码：100078）
网　　址	http://www.tiandiph.com
电子邮箱	tianditg@163.com
经　　销	新华文轩出版传媒股份有限公司

印　　刷	北京文昌阁彩色印刷有限责任公司
版　　次	2023年8月第1版
印　　次	2023年8月第1次印刷
开　　本	880mm×1230mm 1/32
印　　张	9.25
字　　数	197千字
定　　价	48.00元
书　　号	ISBN 978-7-5455-7740-2

版权所有◆违者必究

咨询电话：（028）86361282（总编室）
购书热线：（010）67693207（营销中心）

如有印装错误，请与本社联系调换

从声音到文字，分享人类酸甜苦辣

天書文化